# 企业数字化的动因与效果

◎何理 著

中国科学技术出版社
·北 京·

图书在版编目（CIP）数据

企业数字化的动因与效果 / 何理著 . -- 北京 : 中
国科学技术出版社 , 2024. 10. -- ISBN 978-7-5236-1082-
4

Ⅰ . F272.7

中国国家版本馆 CIP 数据核字第 2024R2A032 号

| | | | | | |
|---|---|---|---|---|---|
| 策划编辑 | 杜凡如　褚福祎 | | 责任编辑 | 褚福祎 | |
| 封面设计 | 创研设 | | 版式设计 | 蚂蚁设计 | |
| 责任校对 | 邓雪梅 | | 责任印制 | 李晓霖 | |

| | |
|---|---|
| 出　　版 | 中国科学技术出版社 |
| 发　　行 | 中国科学技术出版社有限公司 |
| 地　　址 | 北京市海淀区中关村南大街 16 号 |
| 邮　　编 | 100081 |
| 发行电话 | 010-62173865 |
| 传　　真 | 010-62173081 |
| 网　　址 | http://www.cspbooks.com.cn |

| | |
|---|---|
| 开　　本 | 880mm×1230mm　1/32 |
| 字　　数 | 189 千字 |
| 印　　张 | 9.25 |
| 版　　次 | 2024 年 10 月第 1 版 |
| 印　　次 | 2024 年 10 月第 1 次印刷 |
| 印　　刷 | 北京盛通印刷股份有限公司 |
| 书　　号 | ISBN 978-7-5236-1082-4/F・1317 |
| 定　　价 | 80.00 元 |

# 序

当前，中国正在加快发展数字经济，促进数字经济和实体经济的深度融合。中国拥有海量数据和丰富应用场景的优势，也拥有坚实的实体经济基础，推动数字经济和实体经济深度融合发展具有广阔的前景空间。在微观层面，企业是数字经济发展的载体，企业数字化是数字经济和实体经济深度融合的重要着力点。对于企业自身而言，企业数字化将深刻影响企业的生产经营、管理运作及组织变革，有利于企业降本增效和塑造竞争优势。因此，坚定不移地推进企业数字化，既是增强数字经济发展质量效益的关键抓手，也是企业实现高质量发展的必然选项。

在数字经济迅猛发展的时代背景下，研究企业数字化具有重要意义。从理论方面来看，数字经济作为一种新的经济形态，呈现出不同于传统农业经济、工业经济的新特征，因而对形成于工业经济时代的经济学理论提出了诸多亟须解答的新问题。而企业数字化作为数字经济的重要组成部分，其发展过程中所面临的问题，需要我们构建新的经济学理论来进行系统分析和研究。从实践方面来看，企业数字化过程并非一蹴而就的简单过程，很多企业在推动数字化时面临着

"不会""不能""不敢"等困难，需要学术界对企业数字化进行深入研究，以更好指导企业数字化的实践。时代呼唤高质量的学术研究，来系统总结企业数字化的相关实践、探究企业数字化的经济规律。

本书令人振奋。本书针对企业数字化的系统性理论研究和实证分析成果，全面而深入地阐述了企业数字化的外部驱动因素、内部驱动因素、企业数字化对效率和公平的影响。本书特点鲜明。一是理论分析全面。本书不仅从企业外部和企业内部两个方面，系统阐述了企业数字化的驱动因素，还从效率和公平的视角出发，详细剖析了企业数字化的效果，还包括了企业数字化研究前沿动态，有助于读者清晰地掌握企业数字化动因与效果的大致知识体系与最新研究进展。二是实证分析深刻。该书针对企业数字化的内外部驱动因素、企业数字化对效率和公平的效果，以及上述作用的机制和异质性，进行了深入严谨的实证分析，能够为相关研究和政策制定提供经验证据。总的来看，本书理论研究和实证分析并重，既有鲜明的观点阐述，也有翔实的数据分析，是一本研究企业数字化的佳作。更进一步说，该书也为构建中国数字经济的学科体系、学术体系、话语体系进行了一定的探索。

理论研究与实践探索总是相伴相生、相互促进的，中国数字经济的蓬勃发展的实践过程，为企业数字化的理论研究提供了难得而丰富的现实土壤。希望本书能吸引越来越多的研究者来关注企业数字化的研究，不断深化对企业数字化各个方面、各种问题的规律性认识，最终使得企业数字化的理念和方法深入人心，为国家发展及企业生产经营决策更好地服务。不仅如此，也希望越来越多的研究者为中国数字经济的学科体系、学术体系、话语体系的构建，不断做出有益探索，最终为加快建构中国自主的数字经济知识体系贡献力量。

我特向读者推荐何理博士的这本书，并欣然作序。

中国人民大学原校长

刘伟

2024 年 9 月

# 前言

在经历了农业经济、工业经济时代后，随着互联网、人工智能、大数据、云计算等新一代数字技术的深度应用，人类已进入数字经济时代。党的二十大报告指出，要加快发展数字经济，促进数字经济和实体经济深度融合。企业数字化是数字经济发展的微观支撑点，也是数字经济和实体经济深度融合的发力点，推进企业数字化非常重要。尽管企业数字化是大势所趋，具有必要性和紧迫性，但目前大部分企业正经历数字化的"阵痛期"，企业数字化动力不强、效果不佳。因此，如何增强企业数字化的动力、改善企业数字化的效果，成为学术界和业界共同关注的热点话题。

在上述背景下，系统深入地研究企业数字化的动因和效果，既有很强的理论意义，也有很高的实践价值。本书聚焦于企业数字化理论与实践。本书基于理论分析与实证检验，详细阐释了企业数字化的动因与效果，包括企业数字化的外部驱动因素、企业数字化的内部驱动因素、企业数字化对资本市场业绩的影响、企业数字化对共同富裕的影响等。本书期望能补充数字经济的相关理论和实证研究，并服务政府与企业决策。

本书有以下特点：

第一，本书从外部竞争的角度，对企业数字化的外部驱动因素进行了理论研究与实证分析。对于企业数字化的外部驱动因素，已有研究多从金融、政府政策等角度进行分析，而对市场竞争程度的影响缺乏关注。不同于已有研究，本书基于外部竞争的角度，分析企业所在行业的市场竞争程度对企业数字化的影响，从而补充了企业数字化动因的已有研究。

第二，本书从公司治理的角度，对企业数字化的内部驱动因素进行了理论研究与实证分析。已有企业数字化内部驱动因素的相关研究，多从企业生产经营活动、企业高管决策行为等角度进行检验，较少对股权集中度等公司治理特征进行考察。不同于已有研究，本书对于股权集中度对企业数字化的影响展开分析，从而对现有企业数字化动因的相关研究形成了有益补充。

第三，本书丰富和拓展了企业数字化效果评价的相关研究。对于企业数字化的作用效果，已有一些研究进行了讨论，但现有研究对于影响方向仍存在分歧，对作用机制尚未形成一致结论。本书则从效率和公平的视角出发，分别探究企业数字化对资本市场业绩和共同富裕的影响，并进一步阐释了作用机制及异质性，从而深化了对企业数字化效果的认识和理解。

第四，本书对于企业数字化的动因与效果提供了更为丰富的经验证据。本书运用 2011—2022 年中国 A 股上市公司的微观大样本数据，对企业数字化的内外部驱动因素、企业数字化对资本市场业绩和共同富裕的作用，进行了系统深入的实证分析。基于实证分析的结论，能为更好地推动企业数字化实践、更好地发挥企业数字化的效果，提供科学的决策依据。

本书一共分为七章，涵盖了企业数字化的内外部驱动因素、企业数字化对效率和公平的影响。第一章是导论，第二章是企业数字化研究前沿动态。第三章是市场竞争与企业数字化，第四章是股权集中度与企业数字化，分别对企业数字化的外部驱动因素、内部驱动因素进行了理论研究和实证分析。第五章是企业数字化与资本市场业绩，第六章是企业数字化与共同富裕，分别从效率和公平的视角出发，对企业数字化的效果开展了理论研究和实证分析。第七章是研究结论与政策建议，基于上述理论研究和实证分析，针对企业提出了七条建议，针对政府部门也提出了七条建议。

本书的出版，得到了中国科学技术出版社的大力支持，在此表示衷心感谢！中国社会科学院大学的博士研究生甄皓晴、杨慧鹏、刘希兰、李姝蓓，硕士研究生王庸源，协助了本书的编写，在此表示衷心感谢！本书参考了大量相关的学术论文、专著等，在此表示衷心感谢！希望越来越多的人深刻理解企业数字化的动因与效果，从而坚定推行企业数字化，实现中国经济的高质量发展。

# 目录

# 第一章

# 导　论

## ⊛ 第一节　本书的研究背景

随着互联网、大数据、人工智能等新一代信息技术的深度应用，在经历了农业经济、工业经济时代后，人类已进入数字经济时代。近些年，中国数字经济蓬勃发展，中国信息通信研究院《中国数字经济发展研究报告（2024 年）》显示，2012 年中国数字经济规模仅有 11.2 万亿元，占国内生产总值（GDP）的比重为 20.8%；2023 年数字经济规模已增长至53.9 万亿元，占 GDP 的比重提高至 42.8%。数字经济已经成为经济高质量发展的重要引擎和强有力支撑（陈晓红等，2022），日益成为培育壮大新质生产力的新优势和新动能。

党和政府高度重视发展数字经济，推动数字经济逐渐上升为国家战略。2018 年，首部国家层面的数字经济专门文件《数字经济发展战略纲要》出台。2019 年，党的十九届四中全会将"数据"增列为新的生产要素，数据资源成为数字经济的关键要素和核心引擎。2022 年,《"十四五"数字经济发展规划》发布，数字经济发展有了明确的建设目标、重点任务和措施保障。党的二十大报告强调，要加快发展数字经济，促进数字经济和实体经济深度融合。党的二十届三中全会指出，要健全促进实体经济和数字经济深度融合制度，加快产业模式和企业组织形态变革。

数字经济可进一步划分为数字产业化和产业数字化，其中数字产业化是指信息通信行业本身，而产业数字化是指传统产业应用数字技术所带来的产出增加和效率提升部分。据中国信息通信研究院《中国数字经济发展研究报告（2024年）》，2023年中国产业数字化规模达43.84万亿元，占数字经济比重为81.3%，占GDP比重为34.77%。可见，产业数字化已成为数字经济发展的主导力量。

加快企业数字化是产业数字化的重要方面和基本途径。企业作为宏观经济的微观构成，是数字经济与实体经济深度融合的纽带，因而企业数字化是产业数字化的微观基础，正成为数字经济发展的重要作用点和微观支撑点（吴非等，2021；史宇鹏等，2021），以及新质生产力的创新载体。而从企业自身发展来看，数字经济时代下，企业传统经营模式的弊端和局限逐渐显现，亟须通过企业数字化满足自身降本增效的需求，因而数字化也是企业顺应数字经济时代、实现自身更高质量发展的必然选择。无论是从国家的经济发展，还是企业的自身生存进步来看，企业数字化都将成为必然之举。基于企业数字化的重要意义，"十四五"规划纲要提出要"以数字化转型整体驱动生产方式、生活方式和治理方式变革"，《"十四五"数字经济发展规划》提出要"加快企业数字化转型升级、培育转型支撑服务生态"。2023年，财政部和工业和信息化部联合开展中小企业数字化转型城市试点工作。

尽管伴随着政策体系的不断完善，企业数字化正加速驶入快车道，但企业数字化实践尚处于起步阶段（刘淑春等，2021；史宇鹏等，2021），面临着困难与挑战。根据《2023埃森哲中国企业数字化转型指数》，2023年，仅有9%的企业新业务营收占比超过50%，仅有2%的企业开启了数字化全面重塑战略。企业数字化是指企业将各类数字技术的有机组合，与生产模式、业务流程、研发创新、组织架构和管理范式等深度融合，从而实现生产效率提升、商业模式创新、管理制度变革和价值创造路径重塑的动态过程（陈剑等，2020；刘淑春等，2021；Hanelt et al.，2021），具有前期投入高、"阵痛"周期长和结果不确定的特征（Matt et al.，2015）。鉴于企业数字化的复杂性，企业往往面临着专业技术、人才、资金匮乏，所在产业数字化基础薄弱和政府扶持不力的内外部挑战，因而既缺乏企业数字化的动力，又难以取得企业数字化的效果，面临种种困境（刘淑春等，2021）。从理论角度来看，企业数字化是大势所趋，具有必要性和紧迫性，而从实践角度来看，企业数字化动力不强、效果不佳。理论和实践的相对割裂呼唤企业数字化的深入研究，以更好指导企业数字化的实践。特别是伴随数字经济的稳定增长，企业数字化逐步迈入规模普及阶段，对于增强企业数字化动力、提升企业数字化效果，提出了新的更高要求。因此，研究企业数字化的动因与效果问题，有着非常重要的理论价值和实践意义。

但是，已有研究对于企业数字化的动因与效果的关注还比较少，缺乏系统性的理论分析和实证检验。本书将聚焦于企业数字化的动因与效果，对其进行系统的探讨。具体来说，在对企业数字化研究前沿动态进行梳理与总结的基础上，从内外部驱动因素出发，对市场竞争和股权集中度影响企业数字化进行理论研究，从效率与公平角度出发，对企业数字化影响资本市场业绩和共同富裕进行理论研究，并基于2011—2022 年中国 A 股上市公司的数据，开展实证检验，从而补充已有文献关于企业数字化的动因与效果的理论研究及实证证据，以期丰富企业数字化相关领域的学术研究，并为企业实践和政府制定相关政策提供有益参考。

## 🖐 第二节　本书的研究意义

本书的研究意义，从理论意义来看，一是丰富关于企业数字化的理论研究。已有研究对于企业数字化的关注仍不够充分，本书聚焦于分析企业数字化的动因和效果，全面系统地探讨企业数字化的机理，丰富和拓展现有的理论研究。二是完善关于企业数字化的实证研究。在早期，由于企业数字化实践尚未大范围开展，发生企业数字化的样本量不足，相关的实证分析还不充分。而当前中国企业数字化的样本量已经足够，可以进行较为充分的实证分析，为企业数字化研究提供新的实证证据，以支持相关的理论研究。三是对于企业数字化的动因和效果及其机制，进行多角度、全方位的阐释。本书致力于拓展企业数字化的动因和效果的研究范围与研究深度，既从企业内外部的不同视角，分别阐述市场竞争和股权集中度对企业数字化的作用，也从效率与公平的视角，分别探讨企业数字化对资本市场业绩和共同富裕的影响，且对于上述作用的影响机制、异质性、其他变量的调剂效应等问题，进行系统的理论解释与实证检验。

从实践意义来看，一是为企业实施数字化提供参考借鉴。本书的研究结论能够为企业在数字化实施过程中相关的路径选择、战略布局、操作方法等，提供一定的参考借鉴，为企业数字化实践中的具体问题，包括如何从外部和内部驱动企业数字化，以及如何更好发挥企业数字化对效率与公平的积极作用，贡献一定的决策建议。二是为政府制定企业数字化政策提供科学依据。本书的研究成果，有利于政府更好把握企业数字化的痛点和难点，帮助政府加快发展数字经济，促进数字经济与实体经济深度融合，加快企业数字化转型升级、培育转型支撑服务生态等政策目标的实现，为优化支持企业数字化的政策体系提供科学依据，也能为相关部门更好服务于企业数字化的推进，提供具有针对性和可操作性的政策建议。

## 🖐 第三节　本书的研究问题

本书的核心研究问题是企业数字化的动因与效果，具体的研究问题主要有以下四个方面。

第一，分析企业数字化的外部驱动因素，探究市场竞争对企业数字化的促进作用。外部驱动因素能够为企业数字化提供动力和环境支撑，企业所在行业的市场竞争程度将会影响数字化的动力和能力，从而对企业数字化水平产生影响。因此，本书选取市场竞争作为企业数字化的外部驱动因素的代表，系统阐述市场竞争对企业数字化的促进作用，并从提升资本效率、推动人才集聚、吸引市场关注三个方面，剖析市场竞争促进企业数字化的作用渠道。与此同时，市场竞争促进企业数字化的作用，还会受到企业内外部基础条件的制约，因此本书还分析了企业外部的行业地位如何削弱市场竞争对企业数字化的促进作用，以及企业内部的组织资本如何加强市场竞争对企业数字化的促进作用。

第二，分析企业数字化的内部驱动因素，探究股权集中度对企业数字化的影响。企业是否以及多大程度上实施数字化战略，源自企业管理层自上而下的决策，公司治理结构作为企业内部制度框架的核心，将会对企业数字化的决策与执行产生显著影响。因此，本书选取公司治理中的股权集中度，作为内部驱动因素的代表，系统阐述股权集中度对企业数字化的影响，并从加剧融资约束和减少研发资源两方面，剖析股权集中度影响企业数字化的作用渠道。与此同时，本书还分析了股权集中度影响企业数字化的作用，在数字化发展环境、市场关注、劳动密集度方面的异质性。

第三，分析企业数字化在促进效率方面的效果，探究企业数字化对资本市场业绩的影响。资本市场业绩是企业数字化在效率层面效果的重要反映，也是企业实施数字化的出发点和愿景。因此，本书选取资本市场业绩，作为企业数字化在效率方面产生效果的代表，基于会计业绩和市场业绩的双重视角，系统阐述企业数字化对资本市场业绩的影响，并从缓解融资约束、降低信息不对称、增加研发投入三个方面，剖析企业数字化影响资本市场业绩的作用渠道。与此同时，本书还讨论了企业数字化影响资本市场业绩的作用，在企业规模和行业竞争程度方面的异质性。

第四，分析企业数字化在改善公平方面的效果，探究企业数字化对共同富裕的促进作用。企业作为收入分配的重要主体和核心环节，兼具经济和社会双重目标，在追求价值创造"做大蛋糕"的同时，也需要在初次分配、再分配、第三次分配中承担社会责任，让利益相关者共享发展成果。因此，本书选取企业共同富裕，作为企业数字化在公平方面产生效果的代表，系统阐述企业数字化对共同富裕的促进作用，并从缓解融资约束、提升企业生产率、优化人力资本结构三个方面，剖析企业数字化促进共同富裕的作用渠道。与此同时，本书还讨论了企业数字化促进共同富裕的作用，在企业成立年限、企业规模、技术特征方面的异质性。

## 第四节　本书的创新之处

首先，本书补充了企业数字化驱动因素的相关研究。对于企业数字化的驱动因素，已有文献要么从外部的金融、政府政策等角度进行分析，而对企业市场竞争程度的影响缺乏关注；要么从企业与外部组织的关系、企业高管行为决策的角度进行验证，对企业公司治理特征的考察仍不充分。不同于已有文献，本书则基于外部竞争和内部治理的角度，对于市场竞争和股权集中度如何影响企业数字化进行理论提炼与实证检验，从而对企业数字化驱动因素的相关研究形成了有益补充，为企业数字化的驱动因素提供了新的理论解释，为推进企业数字化提供了新的解决思路。

其次，本书丰富和拓展了企业数字化效果评价的相关研究。对于企业数字化的作用效果，尽管已有一些研究进行了讨论，分析了企业数字化对生产率、创新等方面的影响，但现有研究对于企业数字化的作用方向仍存在分歧，对企业数字化影响效率层面的作用机制尚未形成一致结论，也鲜有对企业数字化公平层面效果的关注。因此，本书从效率与公平的视角出发，考察了企业数字化对资本市场业绩和共同富裕的影响，从而为拓宽企业数字化的效果研究提供了新的场景与思路，深化了对企业数字化效果的认识和理解，丰富和拓展了相关研究。

再次，本书对于企业数字化的动因与效果的作用机制进行了系统的理论分析与解释，同时提供了更丰富的经验证据。本书多角度、多层次地阐释了企业数字化的动因和效果，建立了理论分析框架，提供了更全面的视角和更系统的理论解释，从而补充了企业数字化的动因与效果的作用机制的相关研究。同时，本书运用 2011—2022 年中国 A 股上市公司的微观大样本数据，有针对性地对市场竞争与企业数字化、股权集中度与企业数字化、企业数字化与资本市场业绩、企业数字化与共同富裕及其作用机制和异质性，展开实证检验，从而为理解企业数字化的动因与效果提供了更丰富的经验证据。

最后，本书的研究能为企业开展数字化实践和政府优化企业数字化政策体系提供重要的决策依据。本书注重理论与实践的有机统一，具有鲜明的时代特色和政策含义，不仅从理论上论证了企业数字化的动因与效果，还基于此从实践上给出了企业与政府优化数字化实践的政策建议，从而为企业克服"不愿""不敢""不会"数字化的困境，提升企业数字化动力和能力，更好发挥数字化的积极作用，以及为政府积极引导企业数字化，制定有针对性的扶持政策，提供决策依据与政策启示。

## 🔘 第五节　本书的结构安排

本书的结构安排如下。

第一章是导论部分。本章主要分析本书的研究背景、研究意义、研究内容、创新之处，并梳理全书的结构安排。

第二章是企业数字化研究前沿动态。本章在对企业数字化进行概述的基础上，先是梳理了企业数字化驱动因素的研究前沿动态，之后围绕企业数字化与生产率及业绩、企业数字化与共同富裕等方面，总结了企业数字化效果的研究前沿动态，从而为后续章节打下坚实的理论基础。

第三章和第四章关注企业数字化的动因，分别从外部驱动因素和内部驱动因素的视角出发，讨论了市场竞争和股权集中度对企业数字化的驱动作用。

第三章是市场竞争与企业数字化。本章着眼于企业外部产业环境中的市场竞争程度，首先阐述了市场竞争与企业数字化的重要性，其次从理论上分析了市场竞争对企业数字化的促进作用，并从提升资本效率、推动人才集聚、吸引市场关注三个方面，明晰了市场竞争促进企业数字化的具体作用机制，还分析了市场竞争对企业数字化的促进作用，如何受企业外部行业地位及内部组织资本的影响，最后对市场竞争促进企业数字化的作用、影响机制和异质性，以及内外部基础条件的调节作用，进行了实证分析。

第四章是股权集中度与企业数字化。本章着眼于企业内部公司治理中的股权集中度，基于对股权集中度与企业数字化的重要性的阐述，分析了股权集中度对企业数字化的影响，同时从加剧融资约束和减少研发资源两方面，剖析了股权集中度影响企业数字化的作用机制，最后实证检验了股权集中度对企业数字化的作用、影响机制和异质性。

第五章和第六章关注企业数字化的效果，分别从效率和公平的视角出发，讨论了企业数字化对资本市场业绩和共同富裕的促进作用。

第五章是企业数字化与资本市场业绩。本章着眼于效率内涵中的资本市场业绩，在分析企业数字化与资本市场业绩的重要性的基础上，详细论证了企业数字化对资本市场业绩的影响，并从缓解融资约束、降低信息不对称、增加研发投入三个方面，剖析了企业数字化影响资本市场业绩的具体作用机制，最后对于企业数字化影响资本市场业绩的作用、影响机制、异质性，进行了实证分析。

第六章是企业数字化与共同富裕。本章着眼于企业公平内涵中的共同富裕，分析了企业数字化与共同富裕的重要性，总体论证了企业数字化对共同富裕的促进作用，围绕缓解融资约束、提升企业生产率、优化人力资本结构三个渠道，系统阐述了企业数字化促进共同富裕的具体作用机制，在此基础上，对企业数字化促进共同富裕的作用展开了实证检验，并进行了机制分析和异质性分析。

第七章是研究结论与政策建议。本章首先详细、系统地总结了全书的研究结论，据此，分别为企业和政府提出了具有较强针对性和可操作性的政策建议，最后对企业数字化进行了展望。

# 本章参考文献

[1] Hanelt, A., Bohnsack, R., Marz, D., et al. (2021). A systematic review of the literature on digital transformation: Insights and implications for strategy and organizational change. *Journal of Management Studies*, 58(5), 1159−1197.

[2] Matt, C., Hess, T., Benlian, A. (2015). Digital transformation strategies. *Business and Information Systems Engineering*, 57(5), 339−343.

[3] 陈剑、黄朔、刘运辉. 从赋能到使能——数字化环境下的企业运营管理 [J]. 管理世界，2020(02): 117−128.

[4] 陈晓红、李杨扬、宋丽洁、汪阳洁. 数字经济理论体系与研究展望 [J]. 管理世界，2022(02): 208−224.

[5] 刘淑春、闫津臣、张思雪、林汉川. 企业管理数字化变革能提升投入产出效率吗 [J]. 管理世界，2021(05): 170−190.

[6] 史宇鹏、王阳、张文韬. 我国企业数字化转型：现状、问题与展望 [J]. 经济学家，2021(12): 90−97.

[7] 吴非、胡慧芷、林慧妍、任晓怡. 企业数字化转型与资本市场表现——来自股票流动性的经验证据 [J]. 管理世界，2021(07): 130−144.

第二章

# 企业数字化研究前沿动态

## 🖲 第一节　企业数字化概述

### 一、企业数字化的内涵

数字技术的进步为企业数字化的发展创造了条件。近些年来，企业数字化的内涵不断丰富，其演变大致可分为信息化和数字化和两个发展阶段（刘飞，2020；Verhoef et al.，2021）。其中，信息化是指固定电话、传真等传统通信技术以及互联网在企业中的应用，是将经营活动进行符号化和数据化的过程，这一阶段实现了生产过程的数字化渗透，更多强调的是技术改造而非应用效果。随着大数据、人工智能等新一代信息技术的深度应用，数字经济蓬勃发展，企业纷纷开启数字化的战略变革。不同于信息化，一方面企业数字化使用的是人工智能、大数据等新一代数字技术，另一方面企业数字化的重点在于数字技术的应用效果，强调数字技术与业务的交互，以及数字化对企业商业模式、管理模式的重塑

（王永贵和汪淋淋，2021），本质上是一种组织变革和战略变革（陈剑等，2020；戚聿东和肖旭，2020）。

具体而言，企业数字化的内涵包含三个组成部分：数字技术、作用范围、作用结果（吴江等，2021），现有研究对于企业数字化定义的不同，主要体现为这三个部分的内涵差异。从数字技术来看，大部分研究认为企业数字化的动力和起点是新一代信息技术，其中数据要素和人工智能等智能化技术发挥了重要作用（陈剑和刘运辉，2021）。从作用范围来看，现有研究普遍认为企业数字化不仅对研发、生产、销售等经营环节产生影响，还将影响企业的组织架构、管理范式和愿景文化，因而企业数字化的作用范围是全方位的（Gurbaxani and Dunkle，2019；谭志东等，2022）。从作用结果来看，大部分研究认为，不同于信息化，企业数字化的效果并非技术替代劳动的简单过程，而是生产要素优化重组所引致的业务改造和效率提升，进而能够实现利润增值，提升企业核心竞争力（Warner and Waeger，2019；胡海峰等，2022），亦有研究从更广泛的视角，认为企业数字化能够实现价值创造方式的重塑，带来企业根本性、全方位的变革（Fischer et al.，2020；戚聿东和肖旭，2020）。

对企业数字化结果的不同看法，也形成了企业数字化内涵的两种主要观点："过程观"和"变化观"（谭志东等，2022；周琦玮等，2022）。早期的研究多秉承"过程观"，将企业数字化视作企业运用先进数字技术的动态、持续过程（Loebbecke and Picot，2015；王核成等，2021），其效果仅着眼于技术层面，侧重于技术使用缓解的信息不对称问题，因而这一观点也被称作"技术型定义"或"信息论"。"过程观"没有揭示出企业数字化与以往的信息化等概念的本质区别，因而更多学者倾向于"变化观"，将企业数字化视作一种能够实现企业价值重塑的经济资源，其效果侧重于数字技术与业务有机融合带来的全方位变革（Hinings，2018；Verhoef et al.，2021），因而这一观点也被称作"组织型定义"或"资源论"。

综合已有学者对企业数字化的定义、分类等方面的探讨和分析，本章将企业数字化定义为企业使用各类数字技术的有机组合，与生产模式、业务流程、研发创新、组织架构和管理范式等层面深度融合，从而实现生产效率提升、商业模式创新、管理制度变革和价值创造路径重塑的动态过程。其中，数字技术包含信息、计算、交流和互联技术（Bharadwaj et al.，2013；Vial，2019），具体包括人工智能、区块链、云计算和大数据等新一代信息技术，以及各类数字技术重组形成的数字产品和数字平台（姚小涛等，2022）。作用范围覆盖从经营到管理的全流程，强调数字化的全方位和综合性。作用结果既包括可计量的企业效率、业绩和价值提升，又强调无形的价值创造模式重塑。与此同时，也要充分认识到企业数字化需要伴随大量的物质和人力资本投入，是一个漫长的系统性工程和动态演变过程（Loebbecke and Picot，2015；焦豪等，2021），甚至有可能给企业带来负面影响（Watson，2017；陈冬梅等，2020）。

## 二、企业数字化的衡量

企业纷纷开启数字化实践，而企业数字化的学术研究却相对滞后（姚小涛等，2022）。究其原因，在于企业数字化作为一种行为，并不是一个可以直接观测的显变量，因而测度企业数字化程度存在一定的困难。囿于数据的可得性，早期企业数字化研究多从宏观和产业的视角出发，以理论研究和定性研究为主，微观层面的实证研究和定量较为少见。伴随企业数字化测度方法的发展，相关实证研究大量涌现，现有实证研究对企业数字化的衡量方式大致可分为问卷调查法、数字化投资法和文本分析法三种方法。

第一，问卷调查法。问卷调查法是以企业问卷调查作为数据来源的衡量方法。其中，一部分研究从管理学视域出发，自行设计问卷，通过量表对企业数字化进行测度（Matt et al.，2015；Zhou et al.，2019；Li，2020）。例如，池毛毛等（2020）针对湖北省中小企业进行问卷调查，从数字技术对商务运营的参与、整合和转变三个角度，衡量了企业的数字化程度。卢艳秋等（2021）基于对进行数字化实践的企业高管的问卷调查，从业务流程的改变、商业运作的参与和价值创造的实现三个方面设计题项，衡量企业数字化程度。另一部分研究则基于企业微观调查数据中的已有指标，直接进行测度。刘政等（2020）使用世界银行中国投资调查数据，通过数字化设备投资率、网络支出率以及从业人员数字化产品使用率等具体指标综合衡量了企业数字化程度。易靖韬和王悦昊（2021）使用世界银行的中国企业调查问卷数据，通过是否使用互联网进行沟通、运营和研发来衡量企业数字化。周红星和黄送钦（2023）使用中国私营企业调查中企业对于数字化阶段的评估，测度企业数字化水平。问卷调查法的优点在于对企业数字化的衡量难题作出了有益探索，但这一方法的操作难度和成本较高，主观性较强，且没有形成与企业数字化直接相关的、可推广的指标，难以形成不同企业间横向可比的数据，因而缺乏外部有效性。

第二，数字化投资法。数字化投资法是指以企业财务报告作为数据来源，用数字技术相关投资作为企业数字化的衡量指标。大部分相关研究均使用企业数字化相关的无形资产明细项目之和，计算其占无形资产总额的比例，以此作为企业数字化的代理变量（Balsmeier and Woerter，2019；Gal et al.，2019；高雨辰等，2021；张永珅等，2021；余典范等，2022；贺梅和王燕梅，2023；杨汝岱等，2023）。亦有少数研究仅选择指定的企业数字化项目进行测度，例如刘淑春等（2021）使用"两化"融合示范区的工业企业财务数据，将企业资源计划（ERP）、产品生命周期管理（PLM）等数字化项目的投资额作为企业数字化的衡量指标。数字化投资法虽然简单直观，且数据客观、相对易于获取，但这一方法仅体现了数字技术的投资与使用，未能全面完整地捕获新一代信息技术的影响，也未能充分反映企业数字化在业务流程、决策模式、价值创造等方面的效果与创新，因而容易低估企业数字化的发展水平。

第三，文本分析法。为了更加全面地衡量企业数字化，越来越多的研究开始使用文本分析法。文本分析法是指对企业的年报文本进行分析，基于此对企业数字化程度进行衡量，又可分为虚拟变量法、词频统计法、指数构建法、机器学习法四种方法。其中，虚拟变量法是根据公司公告文本中是否涉及新一代信息技术关键词，判断企业是否进行了数字化，并将其作为一个虚拟变量（何帆和刘红霞，2019；何帆和秦愿，2019），或同时考察企业是否使用数字技术和业务模式变革（李琦等，2021）。但虚拟变量法无法给出企业数字化的强度，词频统计法则更进一步，大部分相关研究参考吴非等（2021b），在对文献和政策文件进行分析后，得到企业数字化的特征词库，分别对企业年报中涉及人工智能技术、区块链技术、云计算技术、大数据技术的特征词，以及表征上述数字技术应用程度的特征词词频进行统计，将总词频的对数作为企业数字化的代理指标。不同研究的区别在于部分研究仅对"管理层讨论与分析"部分进行文本分析（袁淳等，2021），或使用特征词词频占总词频的比例替代词频的绝对数进行测度（肖土盛等，2022a；蔡宏波等，2023）。指数构建法是使用希施玛数据库（CSMAR）与华东师范大学研发的《中国上市公司数字化转型研究数据库》，将其中的数字化指数作为企业数字化的度量指标（甄红线等，2023；张文文和景维明，2024），该指数从战略引领、技术驱动、组织赋能、环境支撑、数字化成果、数字化应用六个方面，系统全面地衡量了企业数字化水平。机器学习法是指使用机器学习的方法对词频统计法进行优化，是测度企业数字化的最新方法。例如，韩峰和姜竹青（2023）借助机器学习中的"词频-逆文本频率"方法，缓解了因通用词汇过多造成的企业数字化低估。金星晔等（2024）采用有监督的机器学习方法，结合大语言模型中 ERNIE 模型，对企业年报进行文本分析，能更加准确地判断企业是否使用数字技术，从而得到内容更加完备、表意更加真实的企业数字化测度指标。

文本分析法兼顾了"过程观"和"变化观"，较为全面地反映了企业数字化的内涵与效果，但并非年报中所有数字化相关的文本均代表企业自身的数字化建设，例如年报中可能包含数字化的政策文件和行业概况等，因而这一指标衡量的是企业对数字化的关注程度，存在高估企业数字化水平的可能（余典范等，2022）。因此，部分文献将文本分析法与其他方法结合起来，考察企业数字化的水平。例如刘飞（2020）结合数字化投资法和词频统计法，分别测度数字技术的使用及效果，综合表征企业数字化程度。赵宸宇等（2021）则将文本分析法与专家打分法相结合，以此判断企业的数字化水平，综合两种方法对企业数字化进行衡量。

此外，亦有部分研究从更精确的因果识别角度，考察企业数字化的影响。李宏和乔越（2021）将国家信息化发展战略视作准自然实验，研究了企业数字化对企业出口技术复杂度的提升作用。谭志东等（2022）使用 2014 年"两化"融合贯标试点政策，构造准自然实验，得出企业数字化显著增加企业现金持有的结论，从而间接验证了企业数字化的价值。

## 第二节 企业数字化的驱动因素

企业数字化是一个极其复杂和艰难的系统工程和战略变革，因而首先需要从理论研究中总结企业数字化的各种关键要素，在此基础上分析这些关键要素怎样有机结合形成企业数字化的过程，进而从外部和内部两个方面，梳理、提炼出企业数字化的驱动因素。

## 一、企业数字化的关键要素

企业数字化是一个复杂的系统工程，也是各种关键要素的集合。尽管对企业数字化关键要素的内涵尚未有明确的界定和类目体系，但已有部分研究从理论框架上作出了有益探索。

早期研究多从技术推动的角度，分析企业数字化的关键要素。企业数字化是数字技术发展的必然产物（姚小涛等，2022），大部分研究认为数字技术是企业数字化的前提和关键要素（Li et al.，2018；Verhoef et al.，2021；Vial，2019），企业数字化必须以数字技术作为支撑条件和动力。具体来说，作为基本元素的数字组件、作为数字能力支持的数字基础设施、作为创造和价值交互场所的数字平台是数字技术的重要组成部分（Nambisan et al.，2019；Garzoni，2020），三者融合互动成为一个整体，共同构成企业数字化的关键要素（Nambisan，2017）。

随着企业数字化实践的开展，数字化的影响逐渐显现，更多研究开始从价值推动的角度，梳理企业数字化的关键要素。现有文献主要从个体、组织和产业三个层面对企业数字化转型关键要素进行分析与探讨。

第一，从个体层面来看，企业数字化作为一种战略变革，具有自上而下驱动的特征（曾德麟等，2021），特别是在企业数字化导致公司治理范式转向"企业家中心"的背景之下（陈德球和胡晴，2022），智力资本愈发重要（戚聿东和肖旭，2020），企业管理者的数字化意识和能力成为决定数字化成败的关键要素（Dery，2017）。此外，员工间的文化以及员工对待数字化的态度，决定了其对数字化战略的参与程度和提升数字技能的努力程度，进而影响了企业数字化的进程和效果（Kozanoglu and Abedin，2021）。与此同时，新一代数字技术的使用改变了企业的管理对象（徐鹏和徐向艺，2020），如何协调一个跨职能、知识互补的多元化管理团队，成为数字化战略必须考虑的问题（Li et al.，2018）。总而言之，管理者、员工和团队均将对企业数字化产生重要影响，使企业数字化呈现出"以人为本"的显著特征（Kane，2017）。

第二，从组织层面来看，组织战略、组织资源和组织结构是决定企业数字化成败的关键要素。企业数字化战略可分为变革、生态、业务和技术等四种主导类型（王永贵和汪淋淋，2021），组织战略意为企业数字化需要明确组织进行数字化的模式，设计并制定一个与环境匹配的、可高效执行的战略，进而实现差异化的价值创造，这是企业数字化的必要推动条件（Bharadwaj et al.，2013）。进一步地，为了更好地适应环境变化、实施组织变革，企业需要对内外部的资源进行整合重组，并加入数据要素等数字时代的新资源（North et al., 2020）。组织结构则意为组织需要为数字化塑造开放的氛围，并提供自上而下的全面支持（Lam and Law, 2019; Saarikko et al., 2020），最终实现从传统工业化体系的科层制组织结构向数字化体系的网格制组织结构，完成跨体系的企业数字化（肖静华, 2020）。

第三，从产业层面来看，数字化的生产函数和完善的生态系统是企业数字化的关键要素。纳入数字技术的生产函数，一方面能够降低企业成本，改变运营管理范式（陈剑和刘运辉, 2021），另一方面改变了企业和产业的商业模式和价值链，是重塑价值创造路径的根本力量，因而成为企业数字化的关键要素。而完善的生态系统同样至关重要，数字化使企业间的协作模式发生变化，企业更加需要与利益相关者协作，实现共享价值创造的合作共赢（Cennamo et al., 2020），特别是对于自身能力和资源有限的中小企业而言，与生态系统中的大企业、专业服务机构合作是企业数字化的有效路径（Li et al., 2018; 胡青等, 2021; 唐浩丹和蒋殿春, 2021）。需要注意的是，上述各层面的关键要素并非独立存在，而是动态交互的，只有充分发挥各关键要素的联动作用，才能更好发挥企业数字化的效果（Hanelt et al., 2020）。

## 二、企业数字化的过程

企业数字化的过程主要对数字化的路径和促进措施进行

分析，旨在形成可借鉴的一般规律。现有研究对企业数字化的过程广为关注，形成了较为一致的分析框架。

动态能力理论认为，企业实现数字化需要经历探索、构建和拓展三个阶段（Yeow et al.，2018），分别对应着感知、获取、转化三种动态能力（Teece，2007；Loebbecke and Picot，2015；焦豪等，2021）。在探索阶段，感知能力是指企业通过对客户和市场的分析，进而识别和评估内外部环境变化与决策的过程，通过扫描环境、学习相关知识和校准前期感知三个步骤形成，旨在激活数字化分析平台，准确感知潜在的企业数字化机会与威胁。在构建阶段，企业数字化需要获取能力，即通过投入资源抓住所感知机会的能力（Warner and Waeger，2019），进而实现数字化运营机制的建立和业务模式的更新，以设计结构、选择方案和承诺实施三个步骤逐渐形成。在拓展阶段，企业数字化需要拓展能力，即通过利用、创建、访问、释放资源进行变革重构的转变能力，强调对资源进行持续的战略性更新，进而实现企业内部组织、外部产业链以及整个生态系统的数字化赋能。此外，整合能力也是一个重要方面，是企业数字化过程中交流和协调活动的基础（韦影和宗小云，2021）。

企业数字化的过程中，战略需与企业业务需求双向影响、保持一致，因而对于企业数字化的过程，相当一部分研究基于战略一致性理论进行分析。企业数字化战略一致性包含业务战略驱动层面的战略执行和技术变革，以及数字技术赋能层面的竞争潜力和服务水平四个关键方面（Li et al.,2016）。战略一致性是一个不断适应和持续迭代的过程，而非孤立事件的突变，因而对于企业数字化，适应的效果要好于重塑（Andriole, 2017；Furr and Shipilo, 2019）。基于战略一致性理论，企业数字化的过程包含战略认知、战略定位和战略实施三个阶段（姚小涛等，2022）。在战略认知阶段，管理者需要认识到企业数字化的紧迫性，并评估企业数字化的能力（Hess et al., 2016）；在战略定位阶段，企业应根据业务和行业特点，明确数字化范围和价值创造模式；在战略实施阶段，需要注重数字战略与业务目标的匹配性，以确保数字技术触及和改善企业业务核心问题，充分发挥企业数字化的效果（Correani et al., 2020）。

### 三、企业数字化的外部驱动因素

对于企业数字化的驱动因素，早期研究多局限于描述现象和过程，通过理论分析，以关键要素和数字化过程的形式呈现，最近有部分研究开始使用数据进行验证。企业数字化的外部驱动因素提供了动力和环境支撑，现有实证研究主要从产业、金融和政策三个方面探讨各因素对企业数字化的影响。

首先，从产业层面来看，企业数字化是企业面临竞争压力和制度压力下的战略反应，因而产业层面的因素将对企业数字化产生影响。在竞争压力下，企业可以通过数字化与竞争对手进行战略匹配，在新的竞争规则下保持竞争优势、维持竞争平衡（Leary and Roberts，2014；Svahn et al.，2017），进而产生企业数字化的同群效应，同群企业的数字化程度正向影响了企业自身的数字化水平，且所在行业的竞争越激烈，同群效应越显著（陈庆江等，2021）。而在制度压力下，企业所处环境数字化水平的提升形成了新的行业规范，企业在合法性约束下会选择战略趋同，从而进行企业数字化（Hartley and Sawaya，2019；Broekhuizen et al.，2020；江玉国，2020），其中产业的数字化水平显著促进了企业的数字化，而地区的数字经济发展水平则没有显著影响，说明产业制度压力而非地区制度压力是企业数字化的有效驱动因素（陈玉娇等，2022）。此外，产业中的头部企业率先进行数字化，由此产生的示范效应和溢出效应会显著提升追随企业数字化水平（卢福财等，2024），与产业链中企业形成依赖型的客户关系，则会降低企业的数字化水平（张志元和马永凡，2022）。

其次，企业数字化是更高级的创新活动，需要大量的基础投入（刘淑春等，2021），因而离不开金融资源的支持，有效的金融供给成为企业数字化的驱动因素。有效的金融供给，一方面体现在金融资源的市场化配置，资金需求双方公平竞争，同时利率的市场化使金融机构降低风险溢价要求，从而有利于缓解创新企业的融资难、融资贵问题，改善企业的财务活动，优化企业的投资和融资行为，因此金融市场化显著推动了企业的数字化（唐松等，2022a）。同样地，以沪港通为代表的资本市场开放也会降低融资成本、抑制企业管理层机会主义和短视（李成明等，2023），进而促进企业数字化。另一方面体现在借助数字技术改善金融服务，申明浩等（2022）运用科技金融试点政策构造准自然实验，验证了金融科技水平通过缓解融资约束、提升商业信用和吸引政府资源，促进了企业数字化。唐松等（2022b）、向海凌等（2023）通过金融科技公司数量衡量省域金融科技水平，同样得出金融科技正向影响企业数字化水平的结论，且金融科技对于成长期和成熟期企业、非国有企业和高科技企业的数字化，促进作用更加显著。

再次，政府政策是企业数字化重要的外部资源和支持力量，政策方面的外部驱动因素也是企业数字化外部驱动因素的研究重点。首先，企业数字化需要大量的信息基础设施支撑，具有一定的"准公共产品"性质，因而需要政府补贴助力其发展，城市层面的数字企业平均补贴提高，一方面直接提升了企业的风险承担能力，另一方面提升了产业的数字化水平，有利于为企业提供成熟的数字化方案和良好的竞争环境，进而促进了企业数字化水平的提升（余典范等，2022）。

国家大数据综合试验区的设立，通过增加企业获得的数字补贴、吸引数字人才聚集，为企业数字化创造了良好的数字发展环境（孙伟增等，2023），其他的数字基础设施政策、政府数字采购等也发挥着促进企业数字化的作用（王海等，2023b；申志轩等，2024）。

然后，其他政策也会影响企业数字化。研发费用加计扣除和税费减免政策在缓解企业融资约束的基础上，进一步引导了企业的研发创新活动，从而显著促进了企业数字化水平的提升（成琼文和丁红乙，2022），并且减税政策对数字化的促进作用存在溢出效应，针对下游企业的减税激励能够显著提升中游企业的数字化水平（蔡宏波等，2023）。同样地，财政科技支出也通过缓解融资约束、促进企业创新提升了企业数字化水平和绩效（吴非等，2021a），但地方政府的经济增长目标越高，地方政府财政压力越大，越倾向于削减财政科技支出以发展短期获利的经济项目，从而会对企业数字化产生不利影响（杨贤宏等，2021）。

最后，经济环境作为企业数字化发展的宏观背景，是企业数字化的重要影响因素。良好的知识产权保护有助于企业增加研发投入和数字专利申请，对企业数字化具有显著的正向影响（甄红线等，2023）。数字经济监管能够维护企业数字化环境、改善企业数字化经营，从而激励企业进行数字化（张文文和景维民，2024）。而在更高的经济政策不确定

性中，企业面临更高的经营成本和更大的风险，从而抑制
了企业数字化（祝树金等，2023b）。地方债（李逸飞等，
2023）、城市企业家精神（金环和蒋鹏程，2024）等宏观
经济变量，也会对企业数字化产生显著影响。

### 四、企业数字化的内部驱动因素

从企业数字化的内部驱动因素来看，不同于理论研究对
企业内部关键要素的高度关注，实证研究对内部驱动因素的
分析较为少见。

从促进因素来看，现有研究从企业与外部组织的关系以
及企业高管两方面进行了探索。一方面，企业数字化的基本
目标是利用数字技术改善业务流程、提高经营效率，因而反
映企业与外部组织关系的供应链是重要的考虑因素，供应链
金融能够帮助企业释放积极信号、缓解企业融资约束和提升
企业效率，进而提升企业数字化绩效（张黎娜等，2021），
因此企业自身的供应链金融发展水平成为企业数字化的显著
驱动因素。另一方面，企业高管也会对数字化的程度和结果
产生影响。在高管决策逻辑方面，无论是从战略目标到实施
数字化的从因到果的决策逻辑，还是从实施行动到数字化结
果的从效果到行动的决策逻辑，均能通过失败学习的机制，
提升企业的数字化绩效（卢艳秋等，2021）。与此同时，决
策者的数字化注意力能够正向调节企业为迎合行业非正式规

范而进行数字化的作用，提升企业数字化的可能性（陈玉娇等，2022），因此高管决策成为企业数字化的重要驱动因素。在高管特征方面，具有信息技术背景的高管有助于企业突破"不愿""不会"数字化的困境（刘锡禄等，2023），增加企业数字专利（吴育辉等，2022），进而提升企业数字化水平，特别是首席信息官的设立有助于提升企业的数字技术与数字产品创新（Bendig et al.，2023），提升企业数字化水平。而具有金融机构任职经历的高管则会通过家具管理层短视和企业金融化，进而抑制企业数字化（刘东阁和庞瑞芝，2024），同时，适度的企业家社会网络规模也会显著促进企业数字化（宋晶和陈劲，2022）。

从阻碍因素来看，高管短视行为、企业金融化、家族控制会对数字化产生不利影响。管理者职业生涯禀赋和计划与执行认知偏差的短视行为，使其无法聚焦企业数字化带来的长期福利，显著阻碍了企业数字化进程（王新光，2022）。而企业金融化既挤出了生产资源，干扰正常生产经营活动，又侵蚀了财务资源，扭曲企业的财务行为，因而将对需要长期、持续投资的数字化项目产生影响，不利于企业数字化水平的提升（黄大禹等，2022）。家族控制则将社会情感财务作为决策依据，通过维护家族主导的领导模式、降低企业的风险承担水平抑制企业数字化（陈元等，2023），家族企业代际传承则会强化企业的风险规避倾向，进一步抑制企业数字化（李思飞等，2023）。

此外，亦有研究发现部分因素对企业数字化存在方向不确定的影响（李华民等，2021）。例如，一方面压力抵抗型的机构投资者能够引导企业信息披露、帮助企业获取外部金融资源、促进企业创新，进而推进企业数字化进程；另一方面压力敏感型的机构投资者缺乏改善企业信息披露和财务状况的动机，也因短视化倾向抑制企业创新（Bushee，1998），阻碍了企业数字化。

### 五、对企业数字化的驱动因素的总结

从上述对企业数字化的驱动因素相关文献的梳理和总结可以看出，现有文献大多关注企业数字化的关键要素和过程，以及外部与内部驱动因素。关于企业数字化的关键要素，早期研究多从技术推动的角度进行分析，伴随研究的深入，更多研究开始从价值推动的角度，将个人层面的管理者、员工和团队，组织层面的组织战略、组织资源和组织结构，以及产业层面的数字化的生产函数和完善的生态系统作为企业数字化的关键因素。关于企业数字化的过程，现有研究多基于动态能力理论和战略一致性理论，提出企业数字化的过程需要经历探索、构建和拓展三个阶段。而从实证研究来看，现有研究多从产业、金融和政府政策三个层面对外部驱动因素进行分析，从企业与外部组织的关系、企业高管行

为对内部驱动因素进行验证。

综上所述，现有对企业数字化驱动因素的研究多从管理学视域出发，对企业数字化的要素、过程等进行理论研究，而从经济学方面考察企业数字化动因的研究较为缺乏。从理论分析来看，目前研究多使用案例分析，较少探讨企业数字化的一般规律，缺乏对一般性和基础性问题的关注。从实证研究来看，对外部驱动因素的研究缺乏对企业面临的市场竞争程度、企业行业地位的分析，而对内部驱动因素的研究缺乏对企业领导人特征及公司治理的关注。因此，对于企业面临的市场竞争程度、行业地位和企业领导人特征、公司治理对数字化的影响，值得进一步深入探讨与分析。

## 🖐 第三节　企业数字化与生产率及业绩

在实践中，企业选择实施数字化战略的出发点就是提升生产经营效率，进而改善企业绩效，对企业数字化的结果讨论最多的主题也是其对生产率及绩效的影响，因而有必要对企业数字化与生产率及绩效的相关文献进行梳理和分析。

### 一、企业数字化与生产率

企业全要素生产率是对各投入要素转化为最终产出的综合效率进行衡量的指标，企业全要素生产率的提升是经济持续增长的核心源泉，对企业自身和宏观经济的高质量发展意义重大（刘志彪和凌永辉，2020），因而一直是学术研究的热点。影响企业全要素生产率的因素众多，总体来看，具有技术进步、资源配置效率、投入要素质量和制度环境四条作用路径（陈中飞和江康奇，2021）。具体而言，从微观层面来看，管理效率、高管特征、企业规模、无形资本、金融化等均会对企业全要素生产率产生影响（Syverson et al.，2011；孙晓华和王昀，2014；Battisti et al.，2015；李唐等，2018；盛明泉等，2019；胡海峰等，2020）。而从宏观层面来看，技术进步、要素配置效率、制度环境、产业政策、融资约束、基础设施等是企业全要素生产率的主要影响因素（龚关等，2013；毛其淋，2013；Otsuka，2017；陶峰等，2017；钱雪松等，2018；刘冲等，2020；Ahmed and Bhatti，2020）。

近年来，随着信息技术的进步和数字经济时代的到来，数字技术对企业全要素生产率的影响开始受到广泛关注。大多研究均支持大数据、人工智能等新一代信息技术有助于提高生产率的结论，否定了"索洛悖论"的存在（Graetz and Michaels，2018；郭家堂和骆品亮，2016；王春云和王亚菲，2019；程文，2021），企业层面的研究也得出了相似的结论（Akerman et al.，2015；何小钢等，2019；李唐等，2020）。数字技术对全要素生产率的促进作用，为企业数字化提升生产率提供了条件。但现有企业全要素生产率影响因素的相关研究，多从宏观层面进行分析，针对微观层面企业自身特征的研究仍不充分，特别是对企业数字化影响全要素生产率的方向是促进还是抑制，其作用机制如何，已有研究尚未形成一致结论。

围绕企业数字化对全要素生产率的作用，现有结论的分歧主要在于二者究竟为单调递增的线性关系，还是呈现出先增后减的非线性关系。大部分研究认为，企业数字化显著提升了企业全要素生产率。在生产方面，企业数字化帮助企业实现生产制造过程的智能化（李海舰等，2014），降低成本的同时为技术进步创造了机会，进而促进了企业创新；在运营方面，企业数字化能够通过数字化平台分析销售数据，并通过规模效应提升销售收入和生产性服务收入，提高企业运营水平（赵宸宇等，2021）；在管理方面，企业数字化优化了人力资本结构，降低成本、促进创新，与此同时还促进了企业间知识溢出（涂心语和严晓玲，2022），提升了数据管理能力（李唐等，2020）。因此，企业数字化显著提升了企业的全要素生产率。针对劳动密集型的服务业企业，企业数字化不仅能够促进资本深化，还能提升高技能劳动力投入，从而提高全要素生产率（郭慧芳和王宏鸣，2022）。特别是在零售企业，企业数字化的作用更加体现为扩大市场规模和改善管理效率（黄漫宇和王孝行，2022）。此外，企业数字化对全要素生产率的提升具有空间溢出效应和产业链溢出效应，企业数字化通过多样化的知识外溢，与企业集聚网络协同提升全要素生产率（韩峰和姜竹青2023），也会通过优化下游企业的管理费用和存货周转率，提升下游企业的全要素生产率（杨汝岱等，2023）。

然而，亦有研究发现企业数字化并非总是促进全要素生产率提升，而是存在一个先促进后抑制的过程。刘淑春等（2021）指出，企业数字化的效果受到企业禀赋、数字技术发展水平和数字化投资历史阶段的制约，因而在数字化早期企业生产率并未提升，在跨越数字化"阵痛期"后，企业生产率在边际报酬递减规律下，呈现出先增后降的"倒U型"关系。武常岐等（2022）则从竞争战略适配性的角度出发，认为企业数字化需要占用企业的现存资源，且存在数据孤岛与数据治理难题，对现有运营模式乃至组织秩序提出了挑战，因而作为变革的企业数字化需要与企业生产模式和战略选择相融合，只有适度的企业数字化才最有利于全要素生产率的提升。此外，刘飞（2020）探讨了企业数字化对全要素生产率更加复杂的作用机制，认为企业数字化对全要素生产率具有直接、间接和互补三重影响机制，相较于数字化投资和数字技术应用，数字化引致的业务模式变革能够从三条路径发挥作用，最大限度地促进企业全要素生产率提升。

## 二、企业数字化与业绩

企业业绩是综合反映企业经营管理状况及经济效益的衡量指标，体现为目标与结果、投入与产出之间的关系，因而企业各方参与者均对其高度关注，其也是理论界经久不衰的研究对象。影响企业业绩的因素众多，宏观层面的经济增长、政府政策、制度环境和市场竞争等因素（靳庆鲁等，2008；Ucbasaran et al.，2013；甄红线等，2015；李林木等，2020），以及微观层面的公司治理、高管特征、融资约束和并购行为等因素（李科和徐龙炳，2011；郑志刚等，2014；Amore et al.，2017；许年行等，2019；蒋冠宏，2022），均会对企业业绩产生影响。与此同时，企业的战略变革也是影响业绩的重要方面（Zhang and Rajagopalan,2010；张明等，2020），已有研究表明，企业的多元化、国际化、服务化等战略均会对业绩产生影响（游家兴和邹雨菲，2014；陈立敏等，2016；王可和周亚拿，2019），因而作为战略变革的企业数字化，也会影响企业的业绩。

尽管在实践中认为企业数字化成本巨大，并非总有助于提升企业业绩（Hajli et al.，2015），但理论研究的看法较为一致。现有研究对于企业数字化与企业业绩的关系，基本形成了一致结论，认为企业数字化能够提升企业业绩，但对于这一提升作用的机制仍存在分歧。从收入视角来看，企业数字化能够显著提升企业市场份额、营收增长率、利润率和总资产周转率（何帆和秦愿，2019），从而提升企业业绩，且这一作用受到内部学习导向和外部网络嵌入的正向调节作用（胡青，2020）。从成本视角来看，尽管大部分研究指出，企业数字化通过数字技术赋能，降低了企业的成本损耗，具有降低期间费用率的作用，从而提升了总资产收益率（ROA）和净资产收益率（ROE）（何帆和刘红霞，2019；何帆和秦愿，2019；金星晔等，2024），但也有部分研究认为，企业数字化加大了管理难度，增加了用工成本，增加了管理费用率，因而企业数字化对企业业绩没有显著的提升作用（戚聿东和蔡呈伟，2020；任碧云和郭猛，2021）。企业数字化对企业成本的作用成为其影响业绩的分歧所在。

从创新视角来看，企业数字化能够驱动技术创新（易露霞等，2021），增加企业的创新产出（何帆和刘红霞，2019），更重要的是促进了商业模式的创新（戚聿东和蔡呈伟，2020），从而提升了企业业绩，特别是主业业绩（刘洋等，2020；易露霞等，2021）。此外，企业数字化对企业业绩还存在其他影响路径，孙健等（2017）重点关注了企业数字化中信息系统整合对业绩的影响，指出信息系统的整合能够提升预算程序的公平性，对企业的财务业绩和非财务业绩均有提升作用。李琦等（2021）基于资源基础观，指出企业数字化一方面保护了企业现有资源，另一方面为企业构建了新的资源优势，进而提升了企业绩效。易露霞等（2021）、任碧云和郭猛（2021）均指出企业数字化在内能够优化公司内部控制，在改善信息不对称的同时降低了融资成本，在外部则能够提升企业的市场关注度，同样改善了信息不对称，企业内外部的信息对称性综合改善使企业数字化显著提升了企业业绩。

## 三、企业数字化与资本市场表现

由前文的梳理可知，企业数字化作为数字技术与业务的有机结合，能够提升生产经营效率，乃至实现商业模式和管理模式的变革与重塑，因而企业数字化能够向资本市场传递有利信号，资本市场的变化反映了企业数字化的效果。

从企业内部来看，企业数字化通过影响生产经营、创新活动、商业模式和组织管理等，从而改善了企业在资本市场中的表现。一方面，企业数字化能够帮助企业"增收降本"，改善要素配置情况，提升资本和劳动的效率，维持企业内部的财务稳定，从而促进了企业价值的提升（黄大禹等，2021），同时也促进了企业总资产增长率的提升，有利于企业成长（倪克金和刘修岩，2021），进而有助于增加企业的投资机会，提升企业的现金持有水平（谭志东等，2022）。特别是大数据应用作为企业数字化的重要组成部分，能够通过提升企业生产效率和研发投入，进而提升企业价值，但大数据应用过程中的相关技术与人才供给不足会阻碍这一效应的发挥（张叶青等，2021）。另一方面，企业数字化能够深入到企业的商业模式、组织管理和公司治理等层面，引领企业发生深层次的变革，降低企业风险（张永珅等，2021）。不仅如此，在人与人之间的工作接触方面，企业数字化能够发挥出企业组织和管理层面的影响，增加工作的灵活性（Chen and Lin，2020），主动实现员工间及其与客户间接触程度的降低，从而增加企业在特殊时期的韧性，使企业获得更高的股票收益率（胡海峰等，2022）。

从企业外部来看，投资者将企业数字化视作积极信号，因而企业数字化有利于改善市场表现。一部分研究认为企业数字化改善了公司治理（Frynas et al.，2018），同时也能够提升企业的信息透明度和披露质量，改善与市场的信息不对称问题，因而能够抑制股票崩盘风险（林川，2022），降低了企业的融资成本，也降低了企业的财务报告审计收费（张永珅等，2021）。还有部分研究指出，企业数字化能够吸引更多分析师关注，提振市场对企业的预期，同时提升了企业价值和财务稳定性，从而提升了股票流动性水平（吴非等，2021b），在此基础上进一步降低股价同步性，提升资本市场的效率（雷光勇等，2022）。

## 四、对企业数字化与生产率及业绩的总结

通过对企业数字化与生产率相关文献的梳理可知，现有企业全要素生产率影响因素的相关研究，多从宏观层面进行分析，针对微观层面企业自身特征的研究仍不充分，特别是对企业数字化是促进还是抑制企业全要素生产率，其作用机制如何，尚未形成一致结论。围绕企业数字化对全要素生产率的作用，现有结论的分歧主要在于二者究竟为单调递增的线性关系，还是呈现出先增后减的非线性关系。针对企业数字化与业绩，尽管在实践中认为并非总有助于提升企业业绩，目前理论研究一致认为企业数字化能够提升企业业绩，但对于这一提升作用的机制仍存在分歧，企业数字化能否降低企业成本的作用是分歧所在。

然而，现有研究仍有可改进之处。针对企业数字化与生产率，现有研究缺乏对企业管理层面作用机制的分析，因而仍需通过更加深入的机制研究，探讨企业数字化对企业全要素生产率的真正作用。针对企业数字化与业绩，一方面企业数字化对会计业绩影响的作用机制仍有待于厘清，另一方面企业数字化作为战略变革，将对企业在资本市场中的表现产生影响，现有研究忽视了其提升市场业绩的效果，因而企业数字化影响市场业绩的作用有待于进一步研究。

## 🖐 第四节　企业数字化与共同富裕

共同富裕是全体人民成果共享的全方面富裕。企业作为收入分配的重要主体和核心环节，在推进共同富裕的过程中扮演着重要角色，因而研究企业层面的共同富裕具有重要意义。企业数字化作为一种全方位的组织变革和战略变革，必然会带来劳动方式和劳动关系的重塑，对企业共同富裕产生深远影响，因此有必要对企业数字化如何影响共同富裕进行文献梳理。已有文献主要围绕劳动收入份额和企业内薪酬差距这两个指标，测度微观企业层面的共同富裕，进而探讨企业数字化与共同富裕的关系。

### 一、企业数字化与劳动收入份额

在中国按劳分配为主体的分配制度下，劳动收入份额是衡量初次分配是否均衡和共同富裕实现进程的核心指标。大量研究表明，近 30 年来中国的劳动收入份额呈现出先降后升的"U 型"变化趋势（刘亚琳等，2022；张军等，2022；卢国军等，2023）。根据刘长庚和柏园杰（2022）基于收入法 GDP 数据的测算，中国劳动报酬占 GDP 的比重从 1990年的 55% 左右下降到 2010 年的 45% 左右，尽管近年来已回升至 49% 左右，但与发达国家相比仍存在一定差距。因此，大量文献针对劳动收入份额演化的驱动因素展开研究。

已有研究表明，无论是宏观层面的要素分配、产业结构转型、国际贸易、技术进步（陈宇峰等，2013；余淼杰和梁中华，2014；文雁兵和陆雪琴，2018；周茂等，2018；沈春苗和郑江淮，2022），还是微观企业层面的税收负担、金融化、技术创新、劳动力市场势力等因素（Leblebicioğlu and Weinberger，2020；Kaymak and Schott，2023；施新政等，2019；杜鹏程等，2021；诸竹君等，2023；解恩泽和余淼杰，2024），均会对劳动收入份额产生影响。

其中，技术进步，尤其是数字技术的进步，被视为劳动收入份额重要的影响因素之一。自动化、工业机器人、信息化、互联网、人工智能等技术的使用均会对企业劳动收入份额产生影响（Hjort and Poulsen，2019；郭凯明，2019；Acemoglu and Restrepo，2020；何小钢等，2023；卢国军等，2023；陈东等，2024）。现有研究对于技术进步如何影响劳动收入份额，尚未形成一致结论。一部分研究认为，技术进步能够显著提升劳动收入份额，从劳动力数量来看，数字技术应用既会发挥新岗位的创造效应，也会通过企业规模和生产率提升带来的互补效应，提升就业需求（Hjort and Poulsen，2019；李磊等，2021）。此外，以宽带互联网为代表的信息通信技术，有利于改善劳动力面临的信息摩擦，进而降低企业招聘成本，缓解用工短缺，提升企业劳动收入份额（喻理等，2023）。从劳动力收入来看，数字技术应用会导致企业的用人需求转向工资更高的高技能劳动者（Deming，2017），从而提升了劳动力整体的工资水平，有利于劳动份额的提升（陈东等，2024）。另有部分研究认为技术进步会降低劳动收入份额，技术进步带来"资本替代劳动"的替代效应，会减少就业需求（Acemoglu and Restrepo，2018；Acemoglu and Restrepo，2020； 王永钦和董雯，2020）。特别是资本偏向型的技术进步，导致企业的产出增长更多流向资本，削弱劳动者议价能力（何小钢等，2023；易苗等，2024），不仅降低了总体劳动收入份额，还会扩大劳动者内部收入差距（徐少锋等，2024），不利于共同富裕的实现。因此，技术进步影响劳动收入份额的最终作用方向，取决于替代效应、创造效应、生产率效应等各类机制加总后的综合效应。

作为新一代数字技术应用综合体的企业数字化，其对劳动收入份额的影响同样引发了学术界的广泛关注。现有研究大多认为，企业数字化有利于提升劳动收入份额，促进共同富裕目标的实现。一方面，企业数字化带有技术进步的属性，因而与技术进步提升劳动收入份额的渠道相同，企业数字化也会通过创造效应和生产率效应，提升劳动收入份额。从劳动力数量来看，企业数字化催生的新模式和新业态，创造了新的人才需求（方明月等，2022），加之企业数字化的效率提升作用带来产出规模扩大，进一步增加了企业的用人需求（裴璇等，2023），因此企业数字化能够增加企业的劳动力数量。从劳动力工资来看，企业数字化改善了企业的劳动力技能结构（肖土盛等，2022b；叶永卫等，2022），优化劳动资源配置效率（赵春明等，2023），从而提高了劳动者的整体工资水平（陈东和郭文光，2023；贺梅和王燕梅，2023）。劳动力数量的增加和劳动力工资的提高，最终共同促进了劳动收入份额的提升。另一方面，企业数字化不仅是技术的简单应用，还是价值创造模式的重塑，对企业具有广泛的全方位影响。企业数字化通过缓解融资约束、提升内部控制，增加了劳动力需求和薪酬（黄逵友等，2023），也会通过促进创新增加劳动力议价能力（胥文帅等，2023），提升劳动收入份额。综合已有文献可以认为，企业数字化通过提升劳动收入份额，促进了共同富裕。

## 二、企业数字化与薪酬差距

除了较低的企业劳动收入份额外，企业内部管理层与普通员工之间的薪酬差距，也是收入差距的重要方面，将对总体收入分配格局产生重要影响（张克中等，2021；魏志华等，2022）。尽管适量的企业内部薪酬差距作为一种"锦标赛"机制，有利于激发员工的工作积极性，也会作为一种"最优契约"缓解委托代理问题，从而提升企业绩效并激发技术创新（孔东民等，2017；梁上坤等，2019；赵奇锋和王永中，2019）；但过大的薪酬差距将通过"社会比较"机制导致员工消极怠工，并通过"逆向选择"机制诱导管理层自利行为和企业违规（Haß et al.，2015；Shi et al.，2016），进而降低企业效率和股票回报（Firth et al.，2015；Pan et al.，2022）。这不仅阻碍企业的长远发展，也不利于分配公平和共同富裕目标的实现。

鉴于此，已有部分文献关注到企业内部薪酬差距的成因和治理方案。多数研究从公司治理的视角出发，认为高管权力是企业内部薪酬差距过大的主要原因。高管权力越大，管理层越有可能在租金分配和薪酬制定中谋求私利，导致企业内部薪酬差距增大。因此，员工持股计划、税收征管数字化、资本市场开放、混合所有制改革等有利于约束高管权力和改善公司治理的因素，能够缩小企业内部薪酬差距（张永冀等，2019；张昭等，2020；陈良银等，2021；魏志华等，2022）；而董事会断裂带等加剧高管权力、损害公司治理的因素，则会扩大企业内部薪酬差距（徐灿宇等，2021）。教育背景、政治关联等高管特征，也会通过影响高管权力的行使，进而影响企业内部薪酬差距（Chizema et al.，2015；柳光强和孔高文，2021）。此外，宏观层面的等级观念和集体主义等文化背景（柳光强和孔高文，2018；饶育蕾等，2022），也是影响企业内部薪酬差距的可能因素。

企业数字化作为商业模式和管理模式的重塑方式，会对企业生产经营、组织架构、管理范式、愿景文化等方面产生广泛影响，也必定会影响企业内部的薪酬差距。现有研究对于企业数字化影响内部薪酬差距的方向，并未形成一致结论。一部分研究指出，企业数字化有利于缩小高管与员工的薪酬差距，这一效应主要来源于企业信息环境的改善、人力资本的升级和行业竞争程度的加剧，进而缩小了高管与员工的相对权力差距。在企业内部信息环境方面，企业数字化有助于提升普通员工的信息收集和处理能力，削弱高管的信息垄断优势，从而提升普通员工自主权，缩小企业内部薪酬差距（方明月等，2022）。在企业外部信息环境方面，企业数字化能够增加企业的信息透明度和市场曝光度，强化市场对管理层的监督与治理（李树和王雨，2023），对高管谋取超额薪酬的行为形成有效约束。在人力资本升级方面，企业数字化增加了企业对高技能人才的需求，从而提升了普通员工的议价能力（孟大虎等，2024）。在行业竞争加剧方面，企业数字化提高了产品信息透明度，加剧了市场竞争，不仅提升了普通员工的相对议价能力，还通过外部治理效应加强公司治理（陈岑等，2024），从而缩小企业内部薪酬差距。

然而，亦有部分研究表明，企业数字化加剧了企业内部薪酬差距的扩大趋势。一方面，企业数字化带来的效率业绩提升和市场势力增加，扩大了可供员工分享的租金总额（徐朝辉和王满四，2022；王燕梅和贺梅，2023），然而管理层凭借其天然的权力优势，攫取了更多的租金份额，企业数字化给管理层带来的薪酬增幅大于普通员工（高文书和万诗婕，2024），最终加剧了企业内部薪酬的不平等。另一方面，企业数字化作为一种自上而下的工程，需要管理层付出比普通员工更多的智力资本（张鲜华等，2024），并承担更多的市场风险（罗正英等，2023），尽管企业数字化导致了内部薪酬差距的扩大，但这是对管理层能力与风险承担的补偿和激励，因而可以认为这一差距是合理的（刘长庚和张文哲，2023；罗正英等，2023；王燕梅和贺梅，2023）。此外，翟少轩和王欣然（2023）认为，在扩大薪酬差距的生产率效应和缩小薪酬差距的人力资本调整效应的共同作用下，企业数字化对内部薪酬差距呈现出"U 型"关系。因此，对于企业数字化对企业内部薪酬差距的影响，已有研究尚未形成一致意见，主要原因在于企业数字化既能发挥对高管的补偿激励作用，又能发挥对普通员工的赋权作用，二者的相对大小尚不明确。

### 三、对企业数字化与共同富裕的总结

针对企业数字化对共同富裕的影响，现有文献主要围绕企业数字化如何影响劳动收入份额，以及如何影响内部薪酬差距展开讨论。在企业数字化对劳动收入份额的影响方面，现有文献多基于技术进步影响劳动收入份额的理论框架，从

替代效应、创造效应、生产率效应等方面进行研究，并在此基础上补充讨论了融资约束、内部控制等其他作用机制，大部分研究均得出了企业数字化有利于提升劳动收入份额的结论。在企业数字化对内部薪酬差距的影响方面，现有研究主要围绕高管权力理论进行分析，对企业数字化如何影响内部薪酬差距并未得出一致结论，主要分歧在于企业数字化对高管的补偿激励作用，与对普通员工的赋权作用，二者的相对大小尚不明确。

综上所述，尽管现有文献已经对企业数字化与共同富裕的关系展开了初步讨论，但仍存在以下可改进之处。一是对企业数字化影响共同富裕的研究范围仍不够全面。共同富裕是一个综合系统的概念，不仅包括初次分配的公平，还包括再分配和三次分配的公平；不仅旨在缩小收入差距，还要缩小财产水平、公共服务获得的差距；不仅体现为物质层面的共同富裕，还体现为精神层面和幸福感的共同富裕。因此，未来研究需拓宽研究视野，进一步探讨企业数字化对共同富裕的系统性影响。二是对企业数字化影响共同富裕的方向尚未明确，对企业数字化影响共同富裕的作用机制尚未厘清，未来研究仍需系统深入地探究企业数字化对共同富裕的影响机制，以期为如何发挥企业数字化的社会效益提供理论思路。

# 🔘 第五节　企业数字化的其他研究前沿动态

## 一、企业数字化与经营管理

企业数字化作为对企业生产运营、商业模式和组织管理等方面的全方位变革，不仅影响企业的生产率、绩效和资本市场表现，还将对企业经营管理的各方面产生影响。

根据组织变革理论，企业数字化是一种组织变革，能够激发出企业的创新活力，因而企业数字化能否促进创新广受关注。现有的大部分文献均认为企业数字化具有促进企业创新的积极作用，人力资本升级、公司治理优化、全球创新网络融入性提升是可能的作用机制，进而实现企业创新投入、产出和效率的增加，助力企业高质量发展（李雪松等，2022；肖土盛等，2022a；冀云阳等，2023）。具体来说，企业数字化对企业的运营创新绩效和市场创新绩效均能发挥促进作用，且由于不同行业的企业数字化需求和资源禀赋不同，这一效应在不同行业间存在较大差异（黄节根等，2021）。对于重污染行业企业来说，企业数字化一方面促进了内外部绿色信息共享，另一方面又促进了创新知识和资源的整合，从而激励了重污染行业企业的绿色技术创新（宋德勇等，2022；王海等，2023a），改善企业的环境绩效（李金昌等，2023），降低污染排放和碳排放（韩峰等，2024；屠西伟和张平淡，2024）。此外，企业数字化还能促进其他方面的创新，例如，企业数字化正向影响了企业的知识管理水平，显著提升了商业模式的创新水平（张振刚等，2021）。

然而，亦有研究指出，企业数字化并非总是促进企业创新，而是存在更加复杂的作用机制。尽管企业数字化提升了企业的技术创新数量，但由于企业为得到更多政府补贴，存在提升股票流动性的套利动机，以及企业技术创新过程中的同群效应，企业数字化反而抑制了企业技术创新质量的提升（张国胜和杜鹏飞，2022）。针对传统制造业的研究表明，企业数字化提升了传统企业的研发人员投入，却对企业的研发资金投入具有抑制作用，企业数字化的资金成本过高是可能的原因（范德成和王娅，2022）。余菲菲等（2022）则发现企业数字化对创新绩效的作用是先升后降的"倒 U 型"关系，过高的数字化水平无法促进创新绩效提升，组织柔性对这一作用具有调节效应。

在生产经营方面，对企业数字化影响企业出口的作用有较多研究。在出口数量和深度方面，企业数字化具有显著的正向影响，企业创新、市场竞争和制度环境对这一作用具有调节效应（易靖韬和王悦昊，2021；王欣和付雨蒙，2023）。从质量来看，对于企业出口质量，企业数字化也能够发挥促进作用，企业创新能力、管理效率和人力资本结构的优化是可能的作用机制（洪俊杰等，2022；祝树金等，2023a）。对于企业出口韧性，企业数字化具有出口跨越效应，从而缓解了反倾销对企业出口的冲击（张鹏杨等，2023）。同时，企业数字化还能增进企业的价格优势和质量优势，进而增强出口企业的市场势力（梁昊光和秦清华，2023）。特别是对于出口技术复杂度，企业数字化通过扩大市场规模和赋能产品创新，进而产生显著的促进作用，但企业数字化却干扰信息共享，抑制了下游的出口技术复杂度（李宏和乔越，2021），且企业数字化影响出口技术复杂度的效应在高资本密度和研发密度的行业中更为显著（党琳等，2021）。此外，企业数字化降低了企业的外部交易成本，促进了企业的专业化分工（袁淳等，2021），也会缓解管理层短视，优化风险承担和代理成本，提升海外投资效率（衣长军和赵晓阳，2024）。企业数字化还能提升企业的信息处理能力，进而降低企业的经济不确定性感知（方明月等，2023），提升企业在危机时期的韧性（Browder et al.，2024；Cong et al.，2024；Copestake et al.，2024）。对于制造业企业，企业数字化提升了企业的创新能力和人员结构，因而有助于企业的服务化转型（赵宸宇，2021），特别是对于中小制造企业，企业数字化提升了企业的研发利用和探索能力，显著改善了新产品开发绩效（池毛毛等，2020）。

在组织管理方面，企业数字化削弱了代理成本和高管的信息优势壁垒，从而促进了企业向基层赋权（刘政等，2020）。同样从信息和管理者两方面出发，企业数字化具有缓解信息不对称的积极作用，能够提升管理者的决策水平和理性程度，从而实现公司治理水平的显著改善（祁怀锦等，2020）。同时，企业数字化促使公司治理的研究范式从股东为中心转向企业家为中心，更加重视人力和技术资本的长效价值（陈德球和胡晴，2022）。

此外，企业数字化还将在企业外部层面产生影响。从外界向企业提供的资源来看，企业数字化作为一种信号，缓解了信息不对称，从而促进短期负债融资（高雨辰等，2021），缓解企业投融资期限错配（何青等，2024）。从企业向外界提供的资源来看，企业数字化导致企业员工数量和高人力资本员工比例的提升，创造出更多的就业机会（任颋和刘欣，2021），优化了企业的人力资本结构（叶永卫等，2023）。同时，企业数字化缓解了融资约束，改善信息不对称，有效抑制了税收规避行为（管考磊和朱海宁，2022），并通过提升税收征管难度，降低了企业的有效税负（詹新宇等，2024）。企业数字化还通过强化信息披露和弱化盈余管理，改善了企业的社会责任表现（肖红军等，2021），并通过提升供应链协同和缓解供应商要素约束，显著增进供应商企业的环境、社会、公司治理（ESG）表现（肖红军等，2024）。

## 二、制造业企业数字化

制造业是实体经济的主体，是经济高质量发展的中坚力量。尽管改革开放后，中国制造业实现了快速发展，但"大而不强""全而不优"的问题依然突出，部分制造业企业竞争优势不显著，产品质量、运营管理效率和自主研发能力仍有待提高。企业数字化对制造业高质量发展具有积极作用。从国家层面来看，数字经济已上升为国家战略，制造业企业数字化成为各国经济竞争的主战场（肖静华等，2021）。从产业层面来看，行业竞争加剧背景下，企业数字化能够满足制造业降本增效的需求。从企业层面来看，制造业企业只有进行数字化，才能在数字经济时代和供给驱动转向需求驱动的商业模式下保持竞争优势。因此，制造业企业的数字化是宏观环境变化和行业背景变化共同作用的结果，是实现经济高质量发展的必然要求。

目前，制造业无论是在数字化需求、应用与效果上，都与服务业等其他行业存在差异，因而数字化具有部门特征。整体而言，服务业的数字化水平要高于制造业，制造业的数字化基础设施和能力还相对薄弱（肖土盛等，2022a；姚小涛等，2022），特别是在经济高质量发展的背景下，传统制造业的企业数字化成为亟待解决的问题，因而有必要单独总结和梳理制造业企业的数字化。

在驱动因素方面，同样的驱动因素在制造业和服务业之间存在着作用差异。一方面，部分研究认为服务业更加接近消费端，对企业数字化的需求和动机更为强烈，因而政府补贴更能促进服务业而非制造业的数字产业服务供给，从而提升服务业的数字化水平（余典范等，2022）。另一方面，亦有研究认为制造业对于企业数字化更加敏感，申明浩等（2022）指出制造业企业对于内外部环境，特别是成本的变化更加敏感，因而缓解融资约束对其影响更大，科技金融试点对企业数字化的促进作用在制造业更加明显。

在作用效果方面，企业数字化影响因行业而异。易靖韬和王悦昊（2021）认为服务业的竞争更加激烈，与此同时，服务贸易比货物贸易增长更快，因此相对于服务业，制造业企业数字化对出口数量的影响并不显著。但制造业企业对内外部的环境变化更加敏感，企业数字化正是通过降低企业的外部交易成本促进专业化分工，因此这一效应在制造业企业更为显著（袁淳等，2021）。此外，在就业方面，企业数字化更有利于优化制造业的员工结构（任颋和刘欣，2021）。

### 三、对企业数字化的其他研究前沿动态的总结

企业数字化的资本市场表现，体现为企业内部和外部两个方面。从企业内部来看，企业数字化通过影响企业的生产经营、创新活动、商业模式和组织管理等，改善了企业在资本市场中的表现。从企业外部来看，企业数字化传递了企业的积极信号，有利于改善市场表现。对于经营管理，企业数字化能否促进创新是备受关注的议题。此外，在生产经营方

面，较多研究分析了企业数字化对企业出口、专业化分工、服务化转型和新产品开发的影响。在组织管理方面，企业数字化对企业分权和公司治理产生了影响，在企业外部层面，企业数字化促进了对外负债融资，抑制了税收规避行为，改善了社会责任承担。对于制造业而言，由于其对内外部成本更加敏感，且面临与其他行业不同的竞争程度，因而企业数字化的经济效果存在行业异质性。

尽管已有研究从较多角度分析了企业数字化的不同影响，但现有研究对于企业数字化对微观层面影响的研究仍不充分，对企业内部经营管理影响的研究仍较为缺乏，对影响机制的分析也十分有限。此外，对企业数字化影响的研究缺乏统一的分析框架，尚未形成系统的理论。因此，企业数字化的影响仍有待于进一步探究。

# 本章参考文献

[1] Acemoglu, D., Restrepo, P. (2018). The race between man and machine: Implications of technology for growth, factor shares, and employment. *American Economic Review*, 108(6), 1488−1542.

[2] Acemoglu, D., Restrepo, P. (2020). Robots and jobs: Evidence from US labor markets. *Journal of Political Economy*, 128(6), 2188−2244.

[3] Ahmed, T., Bhatti, A. A. (2020). Measurement and determinants of multi-factor productivity: A survey of literature. *Journal of Economic Surveys*, 34(2), 293−319.

[4] Akerman, A., Gaarder, I., Mogstad, M. (2015). The skill complementarity of broadband internet. *Quarterly Journal of Economics*, 130(4), 1781−1824.

[5] Amore, M. D., Miller, D., Breton-Miller, I. L., et al. (2017). For love and money: Marital leadership in family firms. *Journal of Corporate Finance*, 46, 461−476.

[6] Andriole, S. J. (2017). Five myths about digital transformation. *MIT Sloan Management Review*, 58(3), 20−22.

[7] Balsmeier, B., Woerter, M. (2019). Is this time different? How digitalization influences job creation and destruction. *Research Policy*, 48(8), 103765.

[8] Battisti, M., Belloc, F., Del Gatto, M. (2015). Unbundling technology adoption and TFP at the firm level: Do intangibles matter?. *Journal of

*Economics and Management Strategy*, 24(2), 390−414.

[9] Bendig, D., Wagner, R., Piening, E. P., et al. (2023). Attention to digital innovation: Exploring the impact of a chief information officer in the top management team. *MIS Quarterly*, 47(4), 1487−1516.

[10] Bharadwaj, A., Sawy, O. A. E., Pavlou, P. A., et al. (2013). Digital business strategy: Toward a next generation of insights. *MIS Quarterly*, 37(2), 471−482.

[11] Broekhuizen, T. L. J., Broekhuis, M., Gijsenberg, M. J., et al. (2020). Introduction to the special issue-digital business models: A multi-disciplinary and multi-stakeholder perspective. *Journal of Business Research*, 122, 847−852.

[12] Browder, R. E., Dwyer, S. M., Koch, H. (2024). Upgrading adaptation: How digital transformation promotes organizational resilience. *Strategic Entrepreneurship Journal*, 18(1), 128−164.

[13] Bushee, B. J. (1998). The influence of institutional investors on myopic R&D investment behavior. *Accounting Review*, 73(3), 305−333.

[14] Cennamo, C., Dagnino, G. B., Minin, A. D., et al. (2020). Managing digital transformation: Scope of transformation and modalities of value co-generation and delivery. *California Management Review*, 62(4), 5−16.

[15] Chen, T., Lin, C. (2020). Smart and automation technologies for ensuring the long-term operation of a factory amid the covid-19 pandemic: An evolving fuzzy assessment approach. *International Journal of Advanced Manufacturing Technology*, 111(11−12),

3545−3558.

[16] Chizema, A., Liu, X., Lu, J., et al. (2015), Politically connected boards and top executive pay in Chinese listed firms. *Strategic Management Journal*, 36(6), 890−906.

[17] Cong L. W., Yang, X., Zhang, X. (2024). Small and medium enterprises amidst the pandemic and reopening: Digital edge and transformation. *Management Science*, 70(7), 4564−4582.

[18] Copestake, A., Estefania-Flores, J., Furceri, D. (2024). Digitalization and resilience. *Research Policy*, 53(3), 104948.

[19] Correani, A., Massis, A. D., Frattini, F., et al. (2020). Implementing a digital strategy: Learning from the experience of three digital transformation projects. *California Management Review*, 62(4), 37−56.

[20] Deming, D. J. (2017). The growing importance of social skills in the labor market. *Quarterly Journal of Economics*, 132(4), 1593−1640.

[21] Dery, K., Sebastian, I. M., Meulen, N. V. D. (2017). The digital workplace is key to digital innovation. *MIS Quarterly Executive*, 16(2), 135−152.

[22] Firth, M., Leung, T. Y., Rui, O. M., et al. (2015). Relative pay and its effects on firm efficiency in a transitional economy. *Journal of Economic Behavior & Organization*, 110, 59−77.

[23] Fischer, M., Imgrund, F., Janiesch, C., et al. (2020). Strategy archetypes for digital transformation: Defining meta objectives using business process management. *Information and Management*, 57(5), 103262.

[24] Frynas, J. G., Mol, M. J., Mellahi, K. (2018). Management innovation made in China: Haier's rendanheyi. *California Management Review*, 61(1), 71−93.

[25] Furr, N., Shipilov, A. (2019). Digital doesn't have to be disruptive. *Harvard Business Review*, 94, 94−103.

[26] Gal, P., Nicoletti, G., Rüden, C. V., et al. (2019). Digitalization and productivity: In search of the holy grail-firm-level empirical evidence from European countries. *International Productivity Monitor*, 37, 39−71.

[27] Garzoni, A., Turi, I. D., Secundo, G., et al. (2020). Fostering digital transformation of smes: A four levels approach. *Management Decision*, 58(8), 1543−1562.

[28] Graetz, G., Michaels, G. (2018). Robots at work. *Review of Economics and Statistics*, 100(5), 753−768.

[29] Gurbaxani, V., Dunkle, D. (2019). Gearing up for successful digital transformation. *MIS Quarterly Executive*, 18(3), 209−220.

[30] Haß, L. H., Müller, M. A., Vergauwe, S. (2015). Tournament incentives and corporate fraud. *Journal of Corporate Finance*, 34, 251−267.

[31] Hajli, M., Sims, J. M., Ibragimov, V., et al. (2015). Information technology (IT) productivity paradox in the 21st century. *International Journal of Productivity and Performance Management*, 64(4), 457−478.

[32] Hanelt, A., Bohnsack, R., Marz, D., et al. (2020). A systematic review

of the literature on digital transformation: Insights and implications for strategy and organizational change. *Journal of Management Studies*, 58(5), 1159–1197.

[33] Hartley, J. L., Sawaya, W. J. (2019). Tortoise, not the hare: Digital transformation of supply chain business processes. *Business Horizons*, 62(6), 707–715.

[34] Hess, T., Matt, C., Benlian, A., et al. (2016). Options for formulating a digital transformation strategy. *MIS Quarterly Executive*, 15(2), 123–139.

[35] Hinings, B., Gegenhuber, T., Greenwood, R. (2018). Digital innovation and transformation: An institutional perspective. *Information and Organization*, 28(1), 52–61.

[36] Hjort, J., Poulsen, J. (2019). The arrival of fast internet and employment in Africa. *American Economic Review*, 109(3), 1032–1079.

[37] Kane, G. (2017). The technology fallacy: People are the real key to digital transformation. *Research-Technology Management*, 62(6), 44–49.

[38] Kaymak, B., Schott, I. (2023). Corporate tax cuts and the decline in the manufacturing labor share. *Econometrica*, 91(6), 2371–2408.

[39] Kozanoglu, D. C., Abedin, B. (2021). Understanding the role of employees in digital transformation: Conceptualization of digital literacy of employees as a multi-dimensional organizational affordance. *Journal of Enterprise Information Management*, 34(6), 1649–1672.

[40] Lam, C., Law, R. (2019). Readiness of upscale and luxury-branded

hotels for digital transformation. *International Journal of Hospitality Management*, 79, 60−69.

[41] Leary, M. T., Roberts, M. R. (2014). Do peer firms affect corporate financial policy? *Journal of Finance*, 69(1), 139−178.

[42] Leblebicioğlu, A., Weinberger, A. (2020). Credit and the labour share: Evidence from US states. *Economic Journal*, 130(630), 1782−1816.

[43] Li, F. (2020). The digital transformation of business models in the creative industries: A holistic framework and emerging trends. *Technovation*, 92−93, 102012.

[44] Li, L., Su, F., Zhang, W., et al. (2018). Digital transformation by SME entrepreneurs: A capability perspective. *Information Systems Journal*, 28(6), 1129−1157.

[45] Li, W., Liu, K., Belitski, M., et al. (2016). E-leadership through strategic alignment: An empirical study of small-and medium-sized enterprises in the digital age. *Journal of Information Technology*, 31(2), 185−206.

[46] Loebbecke, C., Picot, A. (2015). Reflections on societal and business model transformation arising from digitization and big data analytics: A research agenda. *Journal of Strategic Information Systems*, 24(3), 149−157.

[47] Matt, C., Hess, T., Benlian, A. (2015). Digital transformation strategies. *Business and Information Systems Engineering*, 57(5), 339−343.

[48] Nambisan, S. (2017). Digital entrepreneurship: Toward a digital technology perspective of entrepreneurship. *Entrepreneurship*

*Theory and Practice*, 41(6), 1029−1055.

[49] Nambisan, S., Wright, M., Feldman, M. (2019). The digital transformation of innovation and entrepreneurship: progress, challenges and key themes. *Research Policy*, 48(8), 103773.

[50] North, K., Aramburu, N., Lorenzo, O. J. (2020). Promoting digitally enabled growth in SMEs: A framework proposal. *Journal of Enterprise Information Management*, 33(1), 238−262.

[51] Otsuka, A. (2017). Regional determinants of total factor productivity in Japan: Stochastic frontier analysis. *Annals of Regional Science*, 58(3), 579−596.

[52] Pan, Y., Pikulina, E. S., Siegel, S., et al. (2022). Do equity markets care about income inequality? Evidence from pay ratio disclosure. *Journal of Finance*, 77(2), 1371−1411.

[53] Saarikko, T., Westergren, U. H., Blomquist, T. (2020). Digital transformation: Five recommendations for the digitally conscious firm. *Business Horizons*, 63(6), 825−839.

[54] Shi, W., Connelly, B. L. & Sanders, W. G. (2016). Buying bad behavior: Tournament incentives and securities class action lawsuits. *Strategic Management Journal*, 37(7), 1354−1378.

[55] Svahn, F., Mathiassen, L., Lindgren, R. (2017). Embracing digital innovation in incumbent firms: How volvo cars managed competing concerns. *MIS Quarterly*, 41(1), 239−253.

[56] Syverson, C. (2011). What determines productivity?. *Journal of Economic Literature*, 49(2), 326−365.

[57] Teece, D. J. (2007). Explicating dynamic capabilities: The nature and microfoundations of (sustainable) enterprise performance. *Strategic Management Journal*, 28(13), 1319−1350.

[58] Ucbasaran, D., Shepherd, D. A., Lockett, A., et al. (2013). Life after business failure. *Journal of Management*, 39(1), 163−202.

[59] Verhoef, P. C., Broekhuizen, T., Bart, Y., et al. (2021). Digital transformation: A multidisciplinary reflection and research agenda. *Journal of Business Research*, 122, 889−901.

[60] Vial, G. (2019). Understanding digital transformation: A review and a research agenda. *Journal of Strategic Information Systems*, 28(2), 118−144.

[61] Warner, K. S. R., Waeger, M. (2019). Building dynamic capabilities for digital transformation: An ongoing process of strategic renewal. *Long Range Planning*, 52(3), 326−349.

[62] Watson, H. J. (2017). Preparing for the cognitive generation of decision support. *MIS Quarterly Executive*, 16(3), 153−169.

[63] Yeow, A., Soh, C., Hansen, R. (2018). Aligning with new digital strategy: A dynamic capabilities approach. *Journal of Strategic Information Systems*, 27(1), 43−58.

[64] Zhang, Y., Rajagopalan, N. (2010). Once an outsider, always an outsider? CEO origin, strategic change, and firm performance. *Strategic Management Journal*, 31(3), 334−346.

[65] Zhou, Y., Zang, J., Miao, Z., et al. (2019). Upgrading Pathways of Intelligent Manufacturing in China: Transitioning across Technological Paradigms. *Engineering*, 5(4), 691−701.

[66] 蔡宏波、汤城建、韩金镕.减税激励、供应链溢出与数字化转型 [J].经济研究, 2023(07): 156-173.

[67] 陈岑、滕阳川、陈阳、张哲.企业数字化发展的收入分配效应——基于中国 A 股上市公司的经验研究 [J].华南师范大学学报（社会科学版）, 2024(03): 50-63.

[68] 陈德球、胡晴.数字经济时代下的公司治理研究：范式创新与实践前沿 [J].管理世界, 2022(06): 213-240.

[69] 陈东、郭文光.数字化转型、工资增长与企业间收入差距——兼论"灯塔工厂"的行业引导效应 [J].财经研究, 2023(04): 50-64.

[70] 陈东、姚笛、郑玉璐.工业机器人应用、超级明星企业与劳动收入份额变动："利好"与"隐忧"并存 [J].中国工业经济, 2024(05): 97-115.

[71] 陈冬梅、王俐珍、陈安霓.数字化与战略管理理论——回顾、挑战与展望 [J].管理世界, 2020(05): 220-236.

[72] 陈剑、黄朔、刘运辉.从赋能到使能——数字化环境下的企业运营管理 [J].管理世界, 2020(02): 117-128.

[73] 陈剑、刘运辉.数智化使能运营管理变革：从供应链到供应链生态系统 [J].管理世界, 2021(11): 227-240.

[74] 陈立敏、刘静雅、张世蕾.模仿同构对企业国际化-绩效关系的影响——基于制度理论正当性视角的实证研究 [J].中国工业经济, 2016(09): 127-143.

[75] 陈良银、黄俊、陈信元.混合所有制改革提高了国有企业内部薪酬差距吗 [J].南开管理评论, 2021(05): 150-162.

[76] 陈宇峰、贵斌威、陈启清．技术偏向与中国劳动收入份额的再考察 [J]. 经济研究，2013(06): 113–126.

[77] 陈玉娇、宋铁波、黄键斌．企业数字化转型："随行就市"还是"入乡随俗"？——基于制度理论和认知理论的决策过程研究 [J]. 科学学研究，2022(06): 1054–1062.

[78] 陈元、贺小刚、徐世豪．家族控制与企业数字化转型 [J]. 经济管理，2023(05): 99–115.

[79] 陈中飞、江康奇．数字金融发展与企业全要素生产率 [J]. 经济学动态，2021(10): 82–99.

[80] 成琼文、丁红乙．税收优惠对资源型企业数字化转型的影响研究 [J]. 管理学报，2022(08): 1125–1133.

[81] 程文．人工智能、索洛悖论与高质量发展：通用目的技术扩散的视角 [J]. 经济研究，2021(10): 22–38.

[82] 池毛毛、叶丁菱、王俊晶、翟姗姗．我国中小制造企业如何提升新产品开发绩效——基于数字化赋能的视角 [J]. 南开管理评论，2020(03): 63–75.

[83] 党琳、李雪松、申烁．制造业行业数字化转型与其出口技术复杂度提升 [J]. 国际贸易问题，2021(06): 32–47.

[84] 杜鹏程、王姝勋、徐舒．税收征管、企业避税与劳动收入份额——来自所得税征管范围改革的证据 [J]. 管理世界，(07): 105–118.

[85] 范德成、王娅．传统企业数字化转型对其创新的影响研究——以汽车制造企业为例 [J]. 软科学，2022(06): 63–70.

[86] 方明月、林佳妮、聂辉华. 数字化转型是否促进了企业内共同富裕? ——来自中国 A 股上市公司的证据 [J]. 数量经济技术经济研究, 2022(11): 50-70.

[87] 方明月、聂辉华、阮睿、沈昕毅. 企业数字化转型与经济政策不确定性感知 [J]. 金融研究, 2023(02): 21-39.

[88] 高文书、万诗婕. 企业数字化转型、人力资本与内部薪酬差距 [J]. 北京工商大学学报（社会科学版）, 2024(02): 31-44.

[89] 高雨辰、万滢霖、张思. 企业数字化、政府补贴与企业对外负债融资——基于中国上市企业的实证研究 [J]. 管理评论, 2021(11): 106-120.

[90] 龚关、胡关亮. 中国制造业资源配置效率与全要素生产率 [J]. 经济研究, 2013(04): 4-15.

[91] 管考磊、朱海宁. 企业数字化转型对税收规避的影响——来自中国上市公司的经验证据 [J]. 证券市场导报, 2022(08): 30-38.

[92] 郭凯明. 人工智能发展、产业结构转型升级与劳动收入份额变动 [J]. 管理世界, 2019(07): 60-77.

[93] 郭慧芳、王宏鸣. 数字化转型与服务业全要素生产率 [J]. 现代经济探讨, 2022(06): 92-102.

[94] 郭家堂、骆品亮. 互联网对中国全要素生产率有促进作用吗? [J]. 管理世界, 2016(10): 34-49.

[95] 韩峰、黄敏、姜竹青. 企业数字化、网络地位与污染减排 [J]. 世界经济, 2024(02): 204-232.

[96] 韩峰、姜竹青. 集聚网络视角下企业数字化的生产率提升效应

研究 [J]. 管理世界, 2023(11): 54-77.

[97] 何帆、刘红霞. 数字经济视角下实体企业数字化变革的业绩提升效应评估 [J]. 改革, 2019(04): 137-148.

[98] 何帆、秦愿. 创新驱动下实体企业数字化转型经济后果研究 [J]. 东北财经大学学报, 2019(05): 45-52.

[99] 何青、琚望静、庄朋涛. 如何缓解企业投融资期限错配？基于数字化转型视角 [J]. 数量经济技术经济研究, 2024(05): 113-133.

[100] 何小钢、梁权熙、王善骝. 信息技术、劳动力结构与企业生产率——破解"信息技术生产率悖论"之谜 [J]. 管理世界, 2019(09): 65-80.

[101] 何小钢、朱国悦、冯大威. 工业机器人应用与劳动收入份额——来自中国工业企业的证据 [J]. 中国工业经济, 2023(04): 98-116.

[102] 贺梅、王燕梅. 制造业企业数字化转型如何影响员工工资 [J]. 财贸经济, 2023(04): 123-139.

[103] 洪俊杰、蒋慕超, 张宸妍. 数字化转型、创新与企业出口质量提升 [J]. 国际贸易问题, 2022(03): 1-15.

[104] 胡海峰、窦斌、王爱萍. 企业金融化与生产效率 [J]. 世界经济, 2020(01): 70-96.

[105] 胡海峰、宋肖肖、窦斌. 数字化在危机期间的价值：来自企业韧性的证据 [J]. 财贸经济, 2022(07): 134-148.

[106] 胡青. 企业数字化转型的机制与绩效 [J]. 浙江学刊, 2020(02): 146-154.

[107] 胡青、徐梦周、程杨.知识距离、协同能力与企业数字化转型绩效——基于浙江中小企业的多案例研究 [J].江西财经大学学报，2021(03): 29-42.

[108] 黄大禹、谢获宝、孟祥瑜、张秋艳.数字化转型与企业价值——基于文本分析方法的经验证据 [J].经济学家，2021(12): 41-51.

[109] 黄大禹、谢获宝、邹梦婷.金融化抑制了企业数字化转型吗？——证据与机制解释 [J].现代财经（天津财经大学学报），2022(07): 57-73.

[110] 黄节根、吉祥熙、李元旭.数字化水平对企业创新绩效的影响研究——来自沪深 A 股上市公司的经验证据 [J].江西社会科学，2021(05): 61-72.

[111] 黄逵友、李增福、潘南佩、倪江崴.企业数字化转型与劳动收入份额 [J].经济评论，2023(02): 15-30.

[112] 黄漫宇、王孝行.零售企业数字化转型对经营效率的影响研究——基于上市企业年报的文本挖掘分析 [J].北京工商大学学报（社会科学版），2022(01): 38-49.

[113] 冀云阳、周鑫、张谦.数字化转型与企业创新——基于研发投入和研发效率视角的分析 [J].金融研究，2023(04): 111-129.

[114] 江玉国.工业企业"智造"转型的动力机制研究 [J].科研管理，2020(02): 104-114.

[115] 蒋冠宏.企业并购如何影响绩效：基于中国工业企业并购视角 [J].管理世界，2022(07): 196-212.

[116] 焦豪、杨季枫、王培暖、李倩.数据驱动的企业动态能力作

用机制研究——基于数据全生命周期管理的数字化转型过程分析 [J]. 中国工业经济，2021(11): 174-192.

[117] 金环、蒋鹏程. 企业家精神的数字创新激励效应——基于数字专利视角 [J]. 经济管理，2024(03): 22-39.

[118] 金星晔、左从江、方明月、李涛、聂辉华. 企业数字化转型的测度难题：基于大语言模型的新方法与新发现 [J]. 经济研究，2024(03): 34-53.

[119] 靳庆鲁、李荣林、万华林. 经济增长、经济政策与公司业绩关系的实证研究 [J]. 经济研究，2008(08): 90-101.

[120] 孔东民、徐茗丽、孔高文. 企业内部薪酬差距与创新 [J]. 经济研究，2017(10): 144-157.

[121] 雷光勇、买瑞东、左静静. 数字化转型与资本市场效率——基于股价同步性视角 [J]. 证券市场导报，2022(08): 48-59.

[122] 李成明、周迪、董志勇. 资本市场开放推动企业数字化转型了吗？——基于准自然实验和文本分析方法 [J]. 统计研究，2023(08): 96-109.

[123] 李海舰、田跃新、李文杰. 互联网思维与传统企业再造 [J]. 中国工业经济，2014(10): 135-146.

[124] 李宏、乔越. 数字化转型提高了制造业出口技术复杂度吗？——基于国家信息化发展战略的拟自然实验 [J]. 山西大学学报（哲学社会科学版），2021(05): 108-118.

[125] 李华民、龙宏杰、吴非. 异质性机构投资者与企业数字化转型 [J]. 金融论坛，2021(11): 37-46.

[126] 李金昌、连港慧、徐蔼婷 . "双碳" 愿景下企业绿色转型的破局之道——数字化驱动绿色化的实证研究 [J]. 数量经济技术经济研究，2023(09): 27-49.

[127] 李科、徐龙炳 . 融资约束、债务能力与公司业绩 [J]. 经济研究，2011(05): 61-73.

[128] 李磊、王小霞、包群 . 机器人的就业效应：机制与中国经验 [J]. 管理世界，2021(09): 104-119.

[129] 李林木、于海峰、汪冲、付宇 . 赏罚机制、税收遵从与企业绩效——基于纳税信用管理制度的研究 [J]. 经济研究，2020(06): 89-104.

[130] 李琦、刘力钢、邵剑兵 . 数字化转型、供应链集成与企业绩效——企业家精神的调节效应 [J]. 经济管理，2021(10): 5-23.

[131] 李树、王雨 . 企业数字化转型与内部收入不平等 [J]. 产业经济评论，2023(01): 81-104.

[132] 李思飞、李鑫、王赛、佟岩 . 家族企业代际传承与数字化转型：激励还是抑制？ [J]. 管理世界，2023(06): 171-191.

[133] 李唐、董一鸣、王泽宇 . 管理效率、质量能力与企业全要素生产率——基于 "中国企业-劳动力匹配调查" 的实证研究 [J]. 管理世界，2018(07): 86-99.

[134] 李唐、李青、陈楚霞 . 数据管理能力对企业生产率的影响效应——来自中国企业-劳动力匹配调查的新发现 [J]. 中国工业经济，2020(06): 174-192.

[135] 李雪松、党琳、赵宸宇 . 数字化转型、融入全球创新网络与

创新绩效 [J]. 中国工业经济，2022(10): 43-61.

[136] 李逸飞、曹策、楚尔鸣. 地方债管理体制改革与企业数字化转型 [J]. 经济学动态，2023(04): 79-94.

[137] 梁昊光、秦清华. 制造业数字化、数字贸易壁垒与出口企业影响力 [J]. 经济学动态，2023(07): 47-68.

[138] 梁上坤、张宇、王彦超. 内部薪酬差距与公司价值——基于生命周期理论的新探索 [J]. 金融研究，2019(04): 188-206.

[139] 林川. 数字化转型与股价崩盘风险 [J]. 证券市场导报，2022(06): 47-57.

[140] 刘长庚、柏园杰. 中国劳动收入居于主体地位吗——劳动收入份额再测算与国际比较 [J]. 经济学动态，2022(07): 31-50.

[141] 刘长庚、张文哲. 数字化转型如何影响企业内部薪酬差距？[J]. 经济经纬，2023(06): 61-71.

[142] 刘冲、吴群锋、刘青. 交通基础设施、市场可达性与企业生产率——基于竞争和资源配置的视角 [J]. 经济研究，2020(07):140-158.

[143] 刘东阁、庞瑞芝. 金融关联与企业数字化转型：资源效应还是抑制效应 [J]. 财贸经济，2024(05): 54-70.

[144] 刘飞. 数字化转型如何提升制造业生产率——基于数字化转型的三重影响机制 [J]. 财经科学，2020(10): 93-107.

[145] 刘淑春、闫津臣、张思雪、林汉川. 企业管理数字化变革能提升投入产出效率吗 [J]. 管理世界，2021(05): 170-190.

[146] 刘锡禄、陈志军、马鹏程 . 信息技术背景 CEO 与企业数字化转型 [J]. 中国软科学，2023(01): 134–144.

[147] 刘亚琳、申广军、姚洋 . 我国劳动收入份额：新变化与再考察 [J]. 经济学（季刊），2022(05): 1467–1488.

[148] 刘洋、董久钰、魏江 . 数字创新管理：理论框架与未来研究 [J]. 管理世界，2020(07): 198–217.

[149] 刘政、姚雨秀、张国胜、匡慧姝 . 企业数字化、专用知识与组织授权 [J]. 中国工业经济，2020(09): 156–174.

[150] 刘志彪、凌永辉 . 结构转换、全要素生产率与高质量发展 [J]. 管理世界，2020(07): 15–29.

[151] 柳光强、孔高文 . 高管海外经历是否提升了薪酬差距 [J]. 管理世界，2018(08): 130–142.

[152] 柳光强、孔高文 . 高管经管教育背景与企业内部薪酬差距 [J]. 会计研究，2021(03): 110–121.

[153] 卢福财、王雨晨、徐远彬 . 头部企业在数字化转型中的作用 [J]. 数量经济技术经济研究，2024(05): 92–112.

[154] 卢国军、崔小勇、王弟海 . 自动化技术、结构转型与中国收入分配格局的演化 [J]. 金融研究，2023(04): 19–35.

[155] 卢艳秋、赵彬、宋昶 . 决策逻辑、失败学习与企业数字化转型绩效 [J]. 外国经济与管理，2021(09): 68–82.

[156] 罗正英、陈诗思、辛莹莹 . 企业数字化转型的收入分配效应——基于高管和员工视角分析 [J]. 苏州大学学报（哲学社会科学版），2023(04): 111–124.

[157] 毛其淋. 要素市场扭曲与中国工业企业生产率——基于贸易
自由化视角的分析 [J]. 金融研究，2013(02): 156–169.

[158] 孟大虎、许晨曦、李宏兵. 数字化转型、人力资本价值与企
业内部收入分配 [J]. 东岳论丛，2024(07): 33–42.

[159] 倪克金、刘修岩. 数字化转型与企业成长：理论逻辑与中国
实践 [J]. 经济管理，2021(12): 79–97.

[160] 裴璇、陆岷峰、王稳华. 共同富裕背景下企业数字化转型的
劳动收入分配效应研究 [J]. 现代财经（天津财经大学学报），
2023(04): 3–22.

[161] 戚聿东、蔡呈伟. 数字化对制造业企业绩效的多重影响及其
机理研究 [J]. 学习与探索，2020(07): 108–119.

[162] 戚聿东、肖旭. 数字经济时代的企业管理变革 [J]. 管理世界，
2020(06): 135–152.

[163] 祁怀锦、曹修琴、刘艳霞. 数字经济对公司治理的影响——基于
信息不对称和管理者非理性行为视角 [J]. 改革，2020(04): 50–64.

[164] 钱雪松、康瑾、唐英伦、曹夏平. 产业政策、资本配置效率
与企业全要素生产率——基于中国 2009 年十大产业振兴规划
自然实验的经验研究 [J]. 中国工业经济，2018(08): 42–59.

[165] 饶育蕾、丁庆锋、陈地强. 儒家文化与公司高管-员工薪酬差
距——基于权力距离的视角 [J]. 厦门大学学报（哲学社会科学
版），2022(02): 47–60.

[166] 任碧云、郭猛. 基于文本挖掘的数字化水平与运营绩效研究
[J]. 统计与信息论坛，2021(06): 51–61.

[167] 任颋、刘欣 . 创造还是破坏：企业数字化应用对就业的影响 [J]. 南京财经大学学报，2021(06): 66-76.

[168] 申明浩、谭伟杰、杨永聪 . 科技金融试点政策赋能实体企业数字化转型了吗？[J]. 中南大学学报（社会科学版），2022(03): 110-123.

[169] 申志轩、祝树金、文茜、汤超 . 政府数字采购与企业数字化转型 [J]. 数量经济技术经济研究，2024(05): 71-91.

[170] 沈春苗、郑江淮 . 中国制造业劳动收入份额变化：宏观替代弹性视角 [J]. 经济研究，2022(05): 106-123.

[171] 盛明泉、蒋世战、盛安琪 . 高管海外经历与企业全要素生产率 [J]. 财经理论与实践，2019(06): 141-147.

[172] 施新政、高文静、陆瑶、李蒙蒙 . 资本市场配置效率与劳动收入份额——来自股权分置改革的证据 [J]. 经济研究，2019(12): 21-37.

[173] 宋德勇、朱文博、丁海 . 企业数字化能否促进绿色技术创新？——基于重污染行业上市公司的考察 [J]. 财经研究，2022(04): 34-48.

[174] 宋晶、陈劲 . 企业家社会网络对企业数字化建设的影响研究——战略柔性的调节作用 [J]. 科学学研究，2022(01): 103-112.

[175] 孙健、王百强、袁蓉丽 . 信息系统整合、预算程序公平与企业业绩——一项基于国有企业的调查研究 [J]. 管理世界，2017(05): 131-143.

[176] 孙伟增、毛宁、兰峰、王立 . 政策赋能、数字生态与企业数

字化转型——基于国家大数据综合试验区的准自然实验 [J]. 中国工业经济，2023(09): 117-135.

[177] 谭志东、赵洵、潘俊、谭建华. 数字化转型的价值：基于企业现金持有的视角 [J]. 财经研究，2022(03): 64-78.

[178] 唐浩丹、蒋殿春. 数字并购与企业数字化转型：内涵、事实与经验 [J]. 经济学家，2021(04): 22-29.

[179] 唐松、李青、吴非. 金融市场化改革与企业数字化转型——来自利率市场化的中国经验证据 [J]. 北京工商大学学报（社会科学版），2022(01): 13-27.

[180] 唐松、苏雪莎、赵丹妮. 金融科技与企业数字化转型——基于企业生命周期视角 [J]. 财经科学，2022(02): 17-32.

[181] 陶锋、胡军、李诗田、韦锦祥. 金融地理结构如何影响企业生产率？——兼论金融供给侧结构性改革 [J]. 经济研究，2017(09): 55-71.

[182] 屠西伟、张平淡. 企业数字化转型、碳排放与供应链溢出 [J]. 中国工业经济，2024(04): 133-151.

[183] 涂心语、严晓玲. 数字化转型、知识溢出与企业全要素生产率——来自制造业上市公司的经验证据 [J]. 产业经济研究，2022(02): 43-56.

[184] 王春云、王亚菲. 数字化资本回报率的测度方法及应用 [J]. 数量经济技术经济研究，2019(12): 123-144.

[185] 王海、郭冠宇、尹俊雅. 数字化转型如何赋能企业绿色创新发展 [J]. 经济学动态，2023a(12): 76-91.

[186] 王海、闫卓毓、郭冠宇、尹俊雅. 数字基础设施政策与企业数字化转型："赋能"还是"负能"？[J]. 数量经济技术经济研究，2023a(05): 5-23.

[187] 王核成、王思惟、刘人怀. 企业数字化成熟度模型研究 [J]. 管理评论，2021(12): 152-162.

[188] 王可、周亚拿. 信息化建设、供应链信息分享与企业绩效——基于中国制造业企业的实证研究 [J]. 中国管理科学，2019(10): 34-43.

[189] 王欣、付雨蒙. 企业数字化对国际化深度的影响研究 [J]. 经济学动态，2023(03): 104-124.

[190] 王新光. 管理者短视行为阻碍了企业数字化转型吗——基于文本分析和机器学习的经验证据 [J]. 现代经济探讨，2022(06): 103-113.

[191] 王燕梅、贺梅. 行业数字化转型如何影响企业内部薪酬差距 [J]. 中国人民大学学报，2023(05): 88-103.

[192] 王永贵、汪淋淋. 传统企业数字化转型战略的类型识别与转型模式选择研究 [J]. 管理评论，2021(11): 84-93.

[193] 王永钦、董雯. 机器人的兴起如何影响中国劳动力市场？——来自制造业上市公司的证据 [J]. 经济研究，2020(10): 159-175.

[194] 韦影、宗小云. 企业适应数字化转型研究框架：一个文献综述 [J]. 科技进步与对策，2021(11): 152-160.

[195] 魏志华、王孝华、蔡伟毅. 税收征管数字化与企业内部薪酬差距 [J]. 中国工业经济，2022(03): 152-170.

[196] 文雁兵、陆雪琴. 中国劳动收入份额变动的决定机制分析——市场竞争和制度质量的双重视角 [J]. 经济研究, 2018(09): 83-98.

[197] 吴非、常曦、任晓怡. 政府驱动型创新: 财政科技支出与企业数字化转型 [J]. 财政研究, 2021(01): 102-115.

[198] 吴非、胡慧芷、林慧妍、任晓怡. 企业数字化转型与资本市场表现——来自股票流动性的经验证据 [J]. 管理世界, 2021(07): 130-144.

[199] 吴江、陈婷、龚艺巍、杨亚璇. 企业数字化转型理论框架和研究展望 [J]. 管理学报, 2021(12): 1871-1880.

[200] 吴育辉、张腾、秦利宾、鲍珩森. 高管信息技术背景与企业数字化转型 [J]. 经济管理, 2022(12): 138-157.

[201] 武常岐、张昆贤、周欣雨、周梓洵. 数字化转型、竞争战略选择与企业高质量发展——基于机器学习与文本分析的证据 [J]. 经济管理, 2022(04): 5-22.

[202] 向海凌、丁子家、徐斯旸、吴非. 金融科技与企业数字化转型 [J]. 中国软科学, 2023(05): 207-215.

[203] 肖红军、沈洪涛、周艳坤. 客户企业数字化、供应商企业ESG 表现与供应链可持续发展 [J]. 经济研究, 2024(03): 54-73.

[204] 肖红军、阳镇、刘美玉. 企业数字化的社会责任促进效应: 内外双重路径的检验 [J]. 经济管理, 2021(11): 52-69.

[205] 肖静华、吴小龙、谢康、吴瑶. 信息技术驱动中国制造转型升级——美的智能制造跨越式战略变革纵向案例研究 [J]. 管理世界, 2021(03): 161-179.

[207] 肖土盛、孙瑞琦、袁淳、孙健.企业数字化转型、人力资本结构调整与劳动收入份额 [J].管理世界，2022b(12): 220-237.

[207] 肖土盛、吴雨珊、亓文韬.数字化的翅膀能否助力企业高质量发展——来自企业创新的经验证据 [J].经济管理，2022a(05): 41-62.

[208] 解恩泽、余淼杰.制造业企业劳资收入分配改善了吗? ——来自劳动力市场竞争性角度的实证证据 [J].管理世界，2024(06): 92-117.

[209] 徐灿宇、李烜博、梁上坤.董事会断裂带与企业薪酬差距 [J].金融研究，2021(07): 172-189.

[210] 徐鹏、徐向艺.人工智能时代企业管理变革的逻辑与分析框架 [J].管理世界，2020(01): 122-129.

[211] 徐少锋，兰森，张紫洋，于泽.多部门视角下偏向性技术进步对中国收入分布的影响 [J].中国工业经济，2024(06): 23-41.

[212] 徐朝辉、王满四.数字化转型对企业员工薪酬的影响研究 [J].中国软科学，2022(09): 108-119.

[213] 许年行、谢蓉蓉、吴世农.中国式家族企业管理：治理模式、领导模式与公司绩效 [J].经济研究，2019(12): 165-181.

[214] 胥文帅、袁莹利、杨明高、尹亚华.走向共同富裕：数字化转型对企业劳动收入份额的影响 [J].财经科学，2023(06): 134-148.

[215] 杨汝岱、李艳、孟珊珊.企业数字化发展、全要素生产率与产业链溢出效应 [J].经济研究，2023(11): 44-61.

[216] 杨贤宏、宁致远、向海凌、陈谨.地方经济增长目标与企业数字化转型——基于上市企业年报文本识别的实证研究 [J].中国软科学，2021(11): 172-184.

[217] 姚小涛、亓晖、刘琳琳、肖婷. 企业数字化转型：再认识与
再出发 [J]. 西安交通大学学报（社会科学版），2022(03): 1-9.

[218] 叶永卫、李鑫、刘贯春. 数字化转型与企业人力资本升级 [J].
金融研究，2022(12): 74-92.

[219] 衣长军、赵晓阳. 数字化转型能否提升中国跨国企业海外投
资效率 [J]. 中国工业经济，2024(01): 150-169.

[220] 易靖韬、王悦昊. 数字化转型对企业出口的影响研究 [J]. 中国
软科学，2021(03): 94-104.

[221] 易露霞、吴非、常曦. 企业数字化转型进程与主业绩效——来
自中国上市企业年报文本识别的经验证据 [J]. 现代财经（天津
财经大学学报），2021(10): 24-38.

[222] 易苗、刘朋春、郭白滢. 机器人应用、企业规模分化与劳动
收入份额 [J]. 世界经济，2024(06): 176-200.

[223] 游家兴、邹雨菲. 社会资本、多元化战略与公司业绩——基于企
业家嵌入性网络的分析视角 [J]. 南开管理评论，2014(05): 91-101.

[224] 余典范、王超、陈磊. 政府补助、产业链协同与企业数字化
[J]. 经济管理，2022(05): 63-82.

[225] 余菲菲、曹佳玉、杜红艳. 数字化悖论：企业数字化对创新
绩效的双刃剑效应 [J]. 研究与发展管理，2022(02): 1-12.

[226] 余淼杰、梁中华. 贸易自由化与中国劳动收入份额——基于制
造业贸易企业数据的实证分析 [J]. 管理世界，2014(07): 22-31.

[227] 喻理、柏培文、王海蕴、吕卓阳. 从窄带到宽带：信息摩擦
与初次分配 [J]. 世界经济，2023(09): 82-107.

[228] 袁淳、肖土盛、耿春晓、盛誉.数字化转型与企业分工：专业化还是纵向一体化 [J].中国工业经济，2021(09): 137-155.

[229] 曾德麟、蔡家玮，欧阳桃花.数字化转型研究：整合框架与未来展望 [J].外国经济与管理，2021(05): 63-76.

[230] 翟少轩、王欣然.制造业数字化转型与薪酬差距——基于企业内部与企业间的收入不平等研究 [J].软科学，2023(12): 7-14.

[231] 詹新宇、张艺龄、靳取.数字的代价：数字化转型与企业税负 [J].经济学动态，2024(06): 97-113.

[232] 张国胜、杜鹏飞.数字化转型对我国企业技术创新的影响：增量还是提质？ [J].经济管理，2022(06): 82-96.

[233] 张军、张席斌、张丽娜.中国劳动报酬份额变化的动态一般均衡分析 [J].经济研究，2022(07): 26-44.

[234] 张克中、何凡、黄永颖、崔小勇.税收优惠、租金分享与公司内部收入不平等 [J].经济研究，2021(06): 110-126.

[235] 张黎娜、苏雪莎、袁磊.供应链金融与企业数字化转型——异质性特征、渠道机制与非信任环境下的效应差异 [J].金融经济学研究，2021(06): 51-67.

[236] 张明、蓝海林、陈伟宏、曾萍.殊途同归不同效：战略变革前因组态及其绩效研究 [J].管理世界，2020(09): 168-186.

[237] 张鹏杨、刘蕙嘉、张硕、张瀚元.企业数字化转型与出口供应链不确定性 [J].数量经济技术经济研究，2023(09): 178-199.

[238] 张文文、景维民.数字经济监管与企业数字化转型——基于收益和成本的权衡分析 [J].数量经济技术经济研究，2024(01): 5-24.

[239] 张鲜华、秦东升、杨阳 . 数字化转型对企业收入分配的影响研究 [J]. 西部论坛，2024(01): 63-80.

[240] 张叶青、陆瑶、李乐芸 . 大数据应用对中国企业市场价值的影响——来自中国上市公司年报文本分析的证据 [J]. 经济研究，2021(12): 42-59.

[241] 张永冀、吕彤彤、苏治 . 员工持股计划与薪酬粘性差距 [J]. 会计研究，2019(08): 55-63.

[242] 张永珅、李小波、邢铭强 . 企业数字化转型与审计定价 [J]. 审计研究，2021(03): 62-71.

[243] 张昭、马草原、王爱萍 . 资本市场开放对企业内部薪酬差距的影响——基于"沪港通"的准自然实验 [J]. 经济管理，2020(06): 172-191.

[244] 张振刚、张君秋、叶宝升、陈一华 . 企业数字化转型对商业模式创新的影响 [J]. 科技进步与对策，2022(11): 114-123.

[245] 张志元、马永凡 . 危机还是契机：企业客户关系与数字化转型 [J]. 经济管理，2022(11): 67-88.

[246] 赵宸宇、王文春、李雪松 . 数字化转型如何影响企业全要素生产率 [J]. 财贸经济，2021(07): 114-129.

[247] 赵春明、班元浩、李宏兵、刘烨 . 企业数字化转型与劳动收入份额 [J]. 财经研究，2023(06): 49-63.

[248] 赵奇锋、王永中 . 薪酬差距、发明家晋升与企业技术创新 [J]. 世界经济，2019(07): 94-119.

[249] 甄红线、王玺、方红星 . 知识产权行政保护与企业数字化转

型 [J]. 经济研究，2023(11): 62-79.

[250] 甄红线、张先治、迟国泰. 制度环境、终极控制权对公司绩效的影响——基于代理成本的中介效应检验 [J]. 金融研究，2015(12): 162-177.

[251] 郑志刚、梁昕雯、吴新春. 经理人产生来源与企业未来绩效改善 [J]. 经济研究，2014(04): 157-171.

[252] 周红星、黄送钦. 数字化能为创新"赋能"吗——数字化转型对民营企业创新的影响 [J]. 经济学动态，2023(07): 69-90.

[253] 周茂、陆毅、李雨浓. 地区产业升级与劳动收入份额：基于合成工具变量的估计 [J]. 经济研究，2018(11): 132-147.

[254] 周琦玮、刘鑫、李东红. 企业数字化转型的多重作用与开放性研究框架 [J]. 西安交通大学学报（社会科学版），2022(03): 10-19.

[255] 祝树金、申志轩、段凡. 数字化转型能提升企业出口产品质量吗 [J]. 经济学动态，2023a(11): 72-87.

[256] 祝树金、申志轩、文茜、段凡. 经济政策不确定性与企业数字化战略：效应与机制 [J]. 数量经济技术经济研究，2023b(05): 24-45.

[257] 诸竹君、谢然成、郭志芳、余骁. 服务型制造技术创新与企业劳动要素市场势力——基于 BERT 语言模型的微观证据 [J]. 中国工业经济，2023(12): 135-152.

# 第三章

# 市场竞争与企业数字化

## 🖱 第一节　市场竞争与企业数字化的重要性

随着互联网、大数据、人工智能等新一代数字技术的深度应用，人类已进入数字经济时代。近年来，中国数字经济蓬勃发展，根据中国信息通信研究院《中国数字经济发展白皮书（2024）》显示，2023 年中国数字经济规模达 53.9 万亿元，同比名义增长 7.39%，数字经济占 GDP 比重提高至42.8%。数字经济已经成为推动高质量发展和中国式现代化的重要引擎和强有力支撑。党的二十大报告指出，要加快发展数字经济，促进数字经济和实体经济深度融合。企业是宏观经济的微观构成，因而企业数字化是产业数字化的微观基础，正成为数字经济与实体经济深度融合的重要作用点和微观支撑点（吴非等，2021；甄红线等，2023），也是加快发展新质生产力的重要组成部分。而从企业自身发展来看，在数字经济时代和全球宏观环境日益复杂的背景下，企业传统经营模式的弊端和局限逐渐显现，亟须通过数字化满足自身降本增效的需求，因此企业数字化也是企业实现高质量发展的必然选择。基于企业数字化的重要意义，2024 年政府工作报告也指出，要深入开展中小企业数字化赋能专项行动，党的二十届三中全会也指出，要健全促进实体经济和数字经济深度融合制度，加快产业模式和企业组织形态变革。

理论研究表明，企业数字化有助于优化成本、提高效率、促进创新、应对风险，对企业发展具有显著的积极影响（刘淑春等，2021；赵宸宇等，2021；韩峰和姜竹青，2023；Copestake et al.，2024）。然而在实践中，企业数字化具有前期投入高、"阵痛"周期长和结果不确定的特征，企业往往面临着技术、人才、资金匮乏和所在产业数字化基础薄弱的内外部挑战，因而缺乏数字化的意愿和能力，面临种种困境（刘淑春等，2021）。在企业数字化的战略意义和重要性已被广泛认可、企业数字化实践面临困境的双重背景下，探究企业数字化的驱动因素，找寻企业数字化的有效实施路径，成为促进数字经济与实体经济深度融合、增强数字经济发展质量效益的关键所在。

市场竞争是市场经济的核心作用机制，市场竞争通过影响未配置资源的使用方向和已配置资源的使用效率（王雄元和徐晶，2022），成为有效配置资源、提升经济效率的源泉（陈志斌和王诗雨，2015；Dasgupta et al.，2017）。改革开放以来，中国的市场竞争机制日益成熟完善，党的十八届三中全会提出，使市场在资源配置中起决定性作用；党的二十大报告进一步指出，要完善公平竞争等市场经济基础制度，加强反垄断和反不正当竞争，破除地方保护和行政性垄断。市场竞争的影响与效果是产业组织理论中的重要议题，市场竞争既会通过优胜劣汰的竞争压力机制，让企业具有谋求竞争优势的强烈动机（简泽等，2017；邓新明和郭雅楠，2020），也会作为外部治理机制，降低代理成本，激励管理者做出有利于企业长远发展的决策（陈信元等，2014；Chhaochharia et al.，2017）。因此，市场竞争对于企业的经营成果和行为决策具有广泛影响。

正如数字经济是构筑国家竞争新优势的关键力量，微观层面的企业数字化也能为企业创造出新的竞争优势，成为企业面临市场竞争时的应对策略和战略选择。因此，市场竞争可能是企业数字化的有效驱动因素之一。根据埃森哲发布的《2021埃森哲中国企业数字转型指数》，在传统零售、物流、电子零件与材料等竞争激烈的"红海"市场中，数字化投资意愿和数字化成熟度相对较高，位列第一梯队。清华大学全球产业研究院2024年发布的《中国企业数字化转型研究报告》也显示，35.7%的企业开展数字化的主要动因是应对行业市场竞争压力。理论上，在激烈的市场竞争中，企业面临着市场份额被压缩、超额利润被侵蚀、经营风险加剧的竞争压力（吴昊旻等，2012；刘亚辉等，2021），因而具有强烈的动机通过企业数字化来谋求竞争优势。此外，激烈的市场竞争增加了管理层的业绩压力，倒逼管理者提升决策能力（陈信元等，2014；Chhaochharia et al.，2017），激励管理层通过企业数字化等战略变革应对市场竞争挑战。开展企业数字化有助于企业降低成本、提升效益、应对风险（戚聿东和肖旭，2020；赵宸宇等，2021；Browder et al.，2024），能够帮助企业扩大生存空间、增加获利机会、缓解退出威胁，从而塑造核心竞争优势，赢得市场竞争。因此，企业所在行业的竞争越激烈，企业开展数字化的动机和能力就越强烈，就越有可能推进企业数字化，促进数字化水平的提升。

然而，鲜有文献关注到市场竞争对企业数字化的驱动作用。市场竞争究竟能否促进企业数字化？其作用是否会受到企业内外部基础条件的制约？这一作用的影响机制与异质性如何？上述问题的回答，对于完善市场竞争机制、加快建设数字中国、促进数字经济与实体经济深度融合具有重要的理论和现实意义。基于此，本章以 2011—2022 年中国 A 股上市公司作为研究样本，对市场竞争如何影响企业数字化进行实证检验。实证结果表明，市场竞争显著促进了企业数字化，一系列稳健性检验和内生性分析，均表明这一结论是稳健的。调节效应分析表明，这一促进作用受到企业内外部基础条件的制约，随着企业行业地位的提升，市场竞争促进企业数字化的作用逐渐减弱；而随着企业组织资本的增加，市场竞争促进企业数字化的作用逐渐加强。机制分析表明，提升资本效率、推动人才聚集、吸引市场关注，是市场竞争促进企业数字化的重要机制。异质性分析表明，对于董事长与总经理两职分离、低资本密集度、处于国家级大数据综合试验区、处于宽带中国试点城市的企业而言，市场竞争对企业数字化的促进作用是更加明显的。

本章可能的研究贡献主要体现在以下三个方面。第一，丰富和补充了企业数字化驱动因素的相关研究，为推动企业数字化提供了来自产业组织视角的新思路。现有关于企业数字化的研究，主要集中于企业数字化对企业经营管理和资本市场表现的影响（赵宸宇等，2021；吴非等，2021；韩峰和姜竹青，2023；杨汝岱等，2023），对于企业数字化驱动因素的关注则相对不足。仅有的少量研究企业数字化驱动因素的文献，或基于领导人特征（Firk et al.，2021；吴育辉等，2022）、公司治理结构（李思飞等，2023）等企业内部视角进行分析，或围绕减税激励（蔡宏波等，2023）、知识产权行政保护（甄红线等，2023）、大数据政策（孙伟增等，2023）等宏观环境与政策视角展开探讨，忽视了中观的产业组织层面的市场竞争这一关键外部环境对企业数字化的作用。本章则从企业所在行业的竞争激烈程度出发，研究发现市场竞争能够显著促进企业数字化，从而对企业数字化驱动因素的相关研究形成了有益补充。

第二，拓展了市场竞争经济效应的相关研究，加深了对市场竞争如何影响企业行为决策的认识和理解。市场竞争影响与效果的已有文献，多聚焦于对企业现金流风险（Hoberg et al.，2014；陈志斌和王诗雨，2015）、投资效率（王雄元和徐晶，2022）、公司治理（伊志宏等，2010；张传财和陈汉文，2017）、资本市场波动（吴昊旻等，2012；Li and Zhan，2019）等经营结果的影响，对企业战略决策影响的分析也多集中在盈余管理（曾伟强等，2016；温日光和汪剑锋，2018）、并购（徐虹等，2015；沈璐和向锐，2024）等企业行为，鲜有文献关注市场竞争对企业数字化的影响。尽管已有文献探讨了市场竞争与企业创新的关系（Schumpeter，1942；Arrow，1962；Aghion et al.，2005），但企业数字化作为一种颠覆性创新和战略变革，与传统创新的实施路径存在本质不同。因此，本章研究了市场竞争对企业数字化这一重要战略决策的影响，支持了市场竞争的有益作用，从而拓展了市场竞争影响与效果的相关研究，加深了对市场竞争如何影响企业行为决策的认识和理解。

第三，为市场竞争促进企业数字化的相关决策提供了更加细致、全面的经验证据和政策参考。已有的少量相关文献，要么仅关注市场竞争对企业 IT 投资的影响（Bloom et al.，2016；Xin and Choudhary，2019），未能完整刻画出市场竞争对企业数字化的全部作用；要么仅将市场竞争作为研究其他因素影响企业数字化的调节或分组变量（Mithas et al., 2013；Iacovone et al., 2023；李思飞等, 2023），未能充分考察市场竞争自身对企业数字化的直接影响。本章不仅检验了市场竞争对企业数字化的作用方向，还考虑了企业内外部基础条件的制约，剖析了行业地位和组织资本对这一作用的调节效应，并从资本效率、人才聚集、市场关注三个方面验证了作用机制，分析了在不同治理结构、资本密集度、数字发展环境的企业中的异质性，因而更为细致、全面地揭示了市场竞争促进企业数字化的内在逻辑和作用机理。本章的研究结论，既能为不同市场竞争程度下企业的数字化战略制定和路径设计提供有益借鉴，也能为政府完善市场竞争机制、健全公平竞争制度、充分发挥市场在资源配置中的决定性作用，进而促进数字经济和实体经济深度融合、推动企业数字化，实现加快建设数字中国的政策目标，提供决策参考。

## 第二节　市场竞争对企业数字化的促进作用

企业数字化是指企业将各类数字技术的有机组合，与生产模式、业务流程、研发创新、组织架构和管理范式等深度融合，从而实现生产效率提升、商业模式创新、管理制度变革和价值创造路径重塑的动态过程（陈剑等, 2020；刘淑春等，2021；Hanelt et al.，2021）。伴随企业数字化实践的开展，相关研究不断涌现。已有大量文献评估了企业数字化的作用效果，认为企业数字化能够降低生产和管理成本，提升企业运营水平，优化人力资本结构（Banalieva and Dhanaraj，2019；赵宸宇等，2021；肖土盛等，2022），从而实现"降本增效"和全要素生产率的提升（韩峰和姜竹青，2023；杨汝岱等，2023），最终改善企业的财务绩效和资本市场表现（吴非等，2021；金星晔等，2024）。此外，企业数字化还有利于提升企业创新产出、增强企业韧性、赋能供应链可持续发展（李雪松等，2022；肖红军等，2024；Copestake et al.，2024），对企业发挥积极影响。

由于企业数字化在实践中面临"意愿不强、能力不足"的困境，部分学者开始关注企业数字化的驱动因素。从内部来看，企业是否以及多大程度上进行数字化，源自管理层自上而下的决策，因而领导人特征和治理结构成为企业数字化的关键要素，企业设立首席数字官、首席执行官（CEO）的信息技术背景和所有权权力等特征会促进企业数字化（Firk et al.，2021；吴育辉等，2022；于淼等，2024），而家族企业代际传承则通过降低风险承担抑制了企业数字化（李思飞等，2023）。从外部来看，企业数字化的外部驱动因素提供了动力和环境支撑，现有研究主要从行业联系、宏观环境和政策支持三个方面探讨各因素对企业数字化的影响。在行业联系方面，由于企业数字化是面临竞争和制度压力下的战略反应，行业内头部企业的数字化，能够发挥示范效应和溢出效应，进而促进追随企业的数字化（卢福财等，2024）。此外，加入虚拟孵化平台、建立股东关系网络、与合作伙伴形成生态系统，均有助于企业获取数字化发展经验和资源支撑，提升数字化水平（罗栋梁等，2024；马倩等，2024；Reuter and Floyd，2024）。以减税激励、知识产权行政保护为代表的宏观环境，能够促进数字化投资和数字技术创新，提升企业数字化水平（蔡宏波等，2023；甄红线等，2023）。而以国家大数据综合试验区为代表的政策支持，能够改善地区的数字生态，成为企业数字化的外部资源和支持力量（孙伟增等，2023）。

然而，现有研究却忽视了外部环境中的市场竞争因素对于企业数字化的影响。市场竞争是连接宏观和微观经济的桥梁，也是有效配置资源、提升经济效率的源泉（陈志斌和王诗雨，2015；Dasgupta et al.，2017）。企业所在行业的竞争激烈程度，主要通过企业感知生存空间、获利机会、退出威胁的竞争压力效应，以及影响企业激励、监督、声誉、信息的外部治理效应，对企业产生影响。

从结果来看，一方面，市场竞争会直接作用于企业的经营与资本市场结果。例如，市场竞争能够降低企业的代理成本、提升内部控制质量和信息披露质量（伊志宏等，2010；

张传财和陈汉文，2017；任宏达和王琨，2019）、降低企业现金流风险（Hoberg et al.，2014；陈志斌和王诗雨，2015）、改善投资效率（陈信元等，2014；王雄元和徐晶，2022），从而有利于企业发展；也会降低预期回报和股价信息含量（Bustamante and Donangelo，2017）、加大企业的利润和回报波动性（Peress，2010；吴昊旻等，2012）、增加资本市场风险（Li and Zhan，2019；刘亚辉等，2021），对企业产生不利影响。另一方面，市场竞争还会影响企业的战略决策。例如，市场竞争越激烈，企业越倾向于实施避税（Cai and Liu，2009）、分权（Bloom et al.，2010）、盈余管理（曾伟强等，2016；温日光和汪剑锋，2018）、横向并购和异地并购（徐虹等，2015；沈璐和向锐，2024）等战略，也越倾向于做出加快向目标资本结构调整的速度（黄继承和姜付秀，2015）、造成 CEO 被迫离职（Dasgupta et al.，2017）、减少外商直接投资（Loncan，2023）、搬迁至离客户更近的地方（Chen et al.，2023）等决策。

其中，与市场竞争影响企业数字化最为相关的文献，是市场竞争影响企业创新的研究。市场竞争与企业创新之间的关系是产业组织理论中的经典议题，但已有研究仍未得出一致结论。部分学者发现，市场竞争会抑制企业创新。"熊彼特假说"认为，市场竞争会损害企业的超额利润，减少创新的资金来源和内在激励（Schumpeter，1942；Autor et al.，

2020），且激烈的市场竞争会增加创新结果的不确定性，从而抑制企业创新（Liu et al.，2021；宋清和刘奕惠，2021）。但也有学者发现，市场竞争能够促进企业创新。"规避竞争假说"认为，所在行业竞争越激烈，企业面临的掠夺风险和退出威胁越高，就越有动力通过创新获取竞争优势和先发优势（Arrow，1962；简泽等，2017）、积累竞争经验（邓新明和郭雅楠，2020），最终增加了企业的产品和技术创新（何玉润等，2015；Kwon and Marco，2021）。此外，市场竞争与创新还可能存在"倒 U 型"关系，其作用方向取决于企业间技术进步的分散程度（Aghion et al.，2005）。

但是，不同于传统创新，企业数字化是商业模式、管理制度转型与重塑的颠覆性创新，本质上是一种"全面重塑"的组织和战略变革（陈剑等，2020；戚聿东和肖旭，2020）。尽管已有少量文献对市场竞争与企业数字化的关系进行了初步探讨，但多关注市场竞争对企业信息技术（IT）投资的影响（Bloom et al.，2016；Xin and Choudhary，2019），未能完整刻画市场竞争对企业数字化的全部作用；或仅将市场竞争作为研究其他因素影响企业数字化的调节或分组变量（Mithas et al.，2013；Iacovone et al.，2023；李思飞等，2023），未能充分考察市场竞争自身对企业数字化的直接影响。基于此，有必要对市场竞争影响企业数字化的作用方向、影响机制和异质性进行研究与探讨。

从直接效应来看，市场竞争通过竞争压力效应和外部治理效应，促进企业数字化水平的提升。一方面，在竞争激烈的市场中，行业进入壁垒相对较低，同行业竞争者数量多且实力相当，企业会强烈感知到来自新进入者和现有竞争者的竞争压力，面临着市场份额被压缩、超额利润被侵蚀、经营风险加剧的不利局面，甚至可能遭遇破产清算的威胁（吴昊旻等，2012；刘亚辉等，2021）。因此，所在行业的市场竞争越激烈，企业就越有动机选择企业数字化，以谋求竞争优势，获取生存空间和获利机会。另一方面，市场竞争能够通过"评价标杆"机制增加管理层业绩压力，通过"优胜劣汰"机制提升管理者决策能力，因而可以发挥外部监督与治理效应，避免管理层因享受"平静生活"而怠于变革（Bertrand and Mullainathan，2003；陈信元等，2014；Chhaochharia et al.，2017）。在激烈的市场竞争下，管理层将认真履职，倾向于做出企业数字化的战略决策（邓新明和郭雅楠，2020）。因此，市场竞争将有效调动企业数字化的内在动力，促进企业数字化。

## 第三节　市场竞争促进企业数字化的具体机制

从具体的作用机制来看，市场竞争从资本效率、人才聚集、市场关注三个渠道，提升企业数字化水平。

　　首先，市场竞争能够提升资本效率，促进企业数字化水平的提升。企业数字化需要对设备、软件等数字基础设施，进行大量、持续的资金投入，具有前期投入高、"阵痛"周期长、结果不确定的特征，因此强化资本效率是促进企业数字化的重要举措和保障。市场竞争有助于资本效率的提升，从融资来看，在竞争激烈的行业中，企业本就面临着较大的经营风险，因而会尽量争取长期借款，以缓解还款压力，降低不予展期和续借的流动性风险（Parise，2018；刘海明和李明明，2020），保持财务稳健；与此同时，激烈的市场竞争作为外部治理机制，一定程度上能够替代短期借款通过续借和再协商发挥的治理效应，削弱债权人通过短期借款监督管理层的动力（Boubaker et al.，2018），从而降低企业的短期借款依赖，提升资本效率。从投资来看，市场竞争通过向企业施加竞争压力挤出企业无效率行为（王雄元和徐晶，2022），也会通过降低代理成本、提升激励有效性、缓解信息不对称发挥对管理层的治理效应，减少企业的投资不足或过度投资等非效率投资行为（陈信元等，2014；王靖宇和张宏亮，2019）。因此，提升资本效率是市场竞争促进企业数字化的可能机制。

　　其次，市场竞争能够推动人才集聚，促进企业数字化水平的提升。企业数字化只有配备掌握先进知识、熟练使用数字技术的高技能人才，才能使数字技术在业务场景落地，因而推动人才集聚是促进企业数字化的重要动力。市场竞争有助于劳动力技能结构的优化，从高技能人才的需求来看，企业为了在激烈的市场竞争中保持竞争优势，更倾向于聘用劳动生产率更高的高技能人才（Bloom et al.，2016），并且市场竞争带来的生产经营效率提升，也对劳动力技能提出了更高的要求（王明益和张中意，2022），从而增加了企业对高技能人才的需求。从高技能人才的供给来看，市场竞争增加了利润对劳动力技能的敏感性，进而增加了技能溢价（Guadalupe，2007），在竞争激烈的行业中，企业为高技能人才支付的薪酬更高，同时市场竞争发挥的外部治理效应，还可以改善激励机制和工作氛围（马新啸等，2020），从而吸引高技能人才向竞争激烈的行业集聚。因此，推动人才集聚是市场竞争促进企业数字化的可能机制。

最后，市场竞争能够吸引市场关注，促进企业数字化水平的提升。市场关注能够缓解企业与市场间的信息不对称，有效揭示并传递企业数字化的价值，同时对管理层形成有效监督，从而激励企业做出数字化决策，不断提升数字化水平。此外，市场关注也能改善企业所处的数据信息环境，为企业数字化的推进降低信息门槛（张文文和景维民，2024），因而吸引市场关注是促进企业数字化的重要环境支撑。市场竞争有助于增加市场对企业的关注，从企业外部来看，市场竞争越激烈，企业的经营状况越具有不确定性，外部投资者对企业的信息需求就越高，从而吸引更多的分析师跟踪等市场关注行为（刘昌阳等，2020；Hsu et al.，2023）。从企业内部来看，市场竞争越激烈，企业就越有动机通过高质量和高强度的信息披露，以区别于竞争对手并夺取竞争资源，同时降低融资成本（任宏达和王琨，2019）；市场竞争的外部治理效应也降低了管理层的选择性披露行为，从而提升了企业的信息透明度，吸引市场关注。因此，吸引市场关注是市场竞争促进企业数字化的可能机制。

市场竞争促进企业数字化的作用，会受到企业内外部基础条件的制约。即使是在同一行业中的企业，也会因企业外部的行业地位不同，具有不同的企业数字化意愿，因企业内部组织资本的不同，具有不同的企业数字化能力。因此，在不同行业地位和组织资本的企业中，市场竞争促进企业数字化的作用程度会存在差异，有必要对行业地位和组织资本的调节作用进行分析。

行业地位是企业在行业中的相对位势，反映企业控制市场价格或垄断市场的能力，即在不影响产品需求的前提下，企业将价格制定在边际成本之上，从而向消费者索取更高价格的能力（邓忠奇等，2022）。行业地位较高的企业，既拥有较高的定价能力，能够通过产品优势、技术壁垒和品牌效应，获取垄断利润，形成较为充足的生存空间，降低被掠夺风险和利润挤压威胁；又拥有较强的风险防御能力，在面临成本上涨等不利局面时，可以将成本传递给消费者（Datte et al., 2013），形成抵御风险的"自然防护效应"（陈志斌和王诗雨，2015）。较高的定价能力和风险抵御能力，可以让企业更从容地应对激烈的市场竞争，此时企业更倾向于将多余资源投入短期内收益更大的产品生产中，而非投入存在风险的企业数字化，在这一情形下企业数字化的机会成本较大，带来的竞争优势效应相对减弱，企业数字化的意愿和动机较为缺乏。因此，较高的行业地位降低了企业数字化的意愿，削弱了市场竞争促进企业数字化的作用。而行业地位较低的企业，由于其边缘化的地位，难以获取足够的市场资源，与市场间存在较为严重的信息不对称，面临着经营壁垒和"护城河"，因而难以获得与行业地位较高企业相当的利润水平，还可能面临行业地位较高企业的掠夺（陈志斌和王诗雨，2015），增加经营风险。此时，由于在市场竞争中追求利润和抵御风险，企业具有强烈的数字化意愿，希望改善其行业地位劣势带来的困境。较低的行业地位提升了企业数字化的意愿，加强了市场竞争促进企业数字化的作用。

组织资本是企业将人力资本和物质资本有效整合并用于价值创造的知识，反映了企业在给定资源禀赋下获取更高回报的潜力（Evenson and Westphal，1995；刘海建和陈传明，2007）。组织资本作为企业无形资产的重要组成部分，具有两种存在形式：一种是嵌入组织本身的组织资本，包括内部知识、管理结构、制度规范、业务流程、企业文化与价值观等（Hasan and Cheung，2018）；另一种是嵌入关键人才的组织资本，包括管理和技术人才的知识、技能、经验、意识等（Eisfeldt and Papanikolaou，2013）。组织资本对企业发挥着日益重要的作用（戚聿东和肖旭，2020），能够为企业带来更好的经营业绩和创新表现（Eisfeldt and Papanikolaou，2013；Danielova et al.，2023）。在市场竞争促进企业数字化的作用中，组织资本通过提升企业数字化的能力，发挥着正向调节作用。从嵌入组织本身的存在形式来看，组织资本较高的企业，具有优质的管理结构和业务流程，资源协同能力和运营沟通效率较高，企业对数字化战略的适应能力较强，因而能够更好地将数据要素与现有的技术和业务进行整合重组。此外，开放、向上的企业文化与价值观，也能够增强员工对数字化的参与程度，改善员工学习数字技能的努力程度，从而有利于企业数字化水平的提升。从嵌入关键人才的存在形式来看，组织资本较高的企业，管理者的知识水平和管理能力也较高，具有较强的战略前瞻性（刘海建和陈传明，2007），更有能力设计并制定出与企业现状匹配的、可高效执行的企业数字化实施战略，也能更好地协调跨职能、跨业务单元、知识互补的多元化团队，对内外部的资源进行凝聚协同，从而优化企业在数字化过程中的资源配置，提升企业的数字化水平。因此，较高的组织资本提升了企业数字化的能力，加强了市场竞争促进企业数字化的作用。

## 👆 第四节　市场竞争促进企业数字化的实证研究设计

### 一、计量模型

为考察市场竞争对于企业数字化的影响，本章在基准回归部分构建企业与时间的双向固定效应模型如模型（3-1）所示。

$$dig_{it}=\beta_0+\beta_1 comp_{ijt}+\beta_2 X+\mu_i+p_t+\varepsilon_{it} \qquad （3-1）$$

其中，$dig_{it}$ 为 $i$ 企业在 $t$ 年的数字化程度，$comp_{ijt}$ 为 $i$ 企业所处的 $j$ 行业在 $t$ 年的竞争程度，系数 $\beta_1$ 为本章关注的重点，当 $\beta_1$ 显著为正时，表明市场竞争对于企业数字化存在显著的正向影响，反之则为负向影响。此外，$X$ 表示企业层面影响数字化的一系列控制变量，$\mu_i$ 表示企业固定效应，用以控制企业层面不随时间变化的特征，$\rho_t$ 表示年份固定效应，用以控制时间层面的宏观影响，$\varepsilon_{it}$ 表示残差项。

### 二、研究样本与数据

本章的数据来源为万得数据库（Wind）、希施玛数据库（CSMAR）以及手工整理，其中，企业数字化、公司基本信息、财务指标等数据来源于希施玛数据库（CSMAR），美国各行业上市公司相关的原始数据来自万得数据库（Wind），并通过手工对比和匹配得到本章所需的工具变量。由于企业数字化指数起始于 2011 年，因此本章选取中国 A 股上市公司样本的时间范围为 2011—2022 年。关于企业所属行业，本章以中国证监会 2012 年修订的《上市公司行业分类指引》为标准进行识别，其中，由于制造业上市公司众多，因此采用字母加两位数字行业进行划分，其他行业采用字母所属的行业大类进行划分。

考虑数据可得性和完整性，本章对样本进行如下处理：第一，剔除上市时长小于 1 年或存在数据缺失的公司。第二，剔除金融行业上市公司。第三，剔除 ST、*ST、PT 处理及终止上市的企业。最终，本章得到 30743 个企业—年度观测值的样本。另外，本章对所有连续变量进行了 1% 和 99% 分位的缩尾处理。

### 三、变量选取

1. 企业数字化。学界已对于企业数字化开展了一系列研究，但关于企业数字化程度的度量方法不一而足。目前该领域的研究主要采用词频分析的方法（吴非等，2021；肖土盛等，2022；李思飞等，2023），即统计企业披露的年报中涉及数字化的文本频率或长度以此表征企业的数字化程度。这一度量方法弥补了早期学术研究中通过数字化技术等无形资产占总资产比重衡量企业数字化程度的不足，同时也解决了通过虚拟变量粗略衡量企业是否进行数字化所造成的过度识别问题，提升了测度方法的科学性。在最新的研究中，也有使用希施玛数据库（CSMAR）团队与华东师范大学工商管理学院企业管理系"智能工商与科创企业管理"研究团队联合研发的《中国上市公司数字化转型研究数据库》的数字化指数作为企业数字化的度量指标（甄红线等，2023；张文文和景维明，2024），该方法基于上市公司年报、募集资金公告、资质认定公告等公开文件构建数字化相关的战略引领、技术驱动、组织赋能、环境支撑、数字化成果、数字化应用六个维度的测度指标，并对这六个指标通过加权计算得出企业数字化指数（$dig$），该指标越大表明企业的数字化程度越高。相比于通过年报进行词频分析的方法，该方法能够相对更全面地识别企业进行数字化的战略意愿与经营实践。在上市公司之外，还考察了中观、宏观层面的信息，可缓解企业数字化词频为零造成的数据右偏问题，因此本章以希施玛数据库（CSMAR）中的这一企业数字化综合指数作为基准回归部分的核心解释变量进行实证分析，并参考吴非等（2021）的做法，通过年报词频分析的方法获取企业数字化相关词频进行稳健性分析。

2. 市场竞争。本章的解释变量为市场竞争（$Comp$）。市场竞争采用"1-赫芬达尔指数（*HHI*）"予以衡量，该指标越大，说明企业所在行业的市场竞争越激烈。具体而言，*j* 行业 *t* 年的 HHI 指数的计算方法如下，其中，*n* 为行业内企业数量，*income_{it}* 表示 *i* 企业 *t* 年的营业收入，*S_{jt}* 表示 *j* 行业 *t* 年营业收入的总和，见模型（3-2）。

$$HHI_{jt} = \sum_{i=1}^{n} \left( \frac{income_{it}}{S_{jt}} \right)^2 \qquad (3\text{-}2)$$

此外，参考已有研究（吴昊旻等，2012；陈志斌和王诗雨，2015；夏卓秀和邓路，2023）的做法，本章进一步选取行业熵指数（*EI*）、行业前四大公司营业收入比重（*CRfour*）、行业公司数（*NUM*）对于模型进行稳健性检验。

3. 行业地位。行业地位（*lerner*，勒纳指数）是本章的外部调节变量，用于测度企业在行业竞争中所处的相对位置。已有文献大多采取市场占有率（简泽等，2017）、企业勒纳指数（陈志斌和王诗雨，2015）、价格成本边际（吴昊旻等，2012）、超额主营业务利润率（杜媛等，2021）等指标对于企业在行业中的相对地位进行测度。本章通过企业勒纳指数对于企业的行业地位进行测算，具体而言，参考陈志斌和王诗雨（2015）的做法，使用"（营业收入-营业成本-销售费用-管理费用）/营业收入"表示企业的行业地位进行，该指标越大，意味着企业在行业中的地位越高。

4. 组织资本参考 Eisfeldt and Papanikolaou（2013）、

Danielova et al.（2023）、蒋艺翅和姚树洁（2023）的做法，本章通过永续盘存法对于企业的组织资本（*oc*）进行测算，见模型（3-3）。

$$oc_{it} = \left(1 - \delta_0\right) \times oc_{it-1} + \frac{SA_{it}}{CPI_t}; oc_0 = \frac{SA_1}{g + \delta_0} \qquad （3-3）$$

其中，$oc_{it}$ 表示企业 *i* 在 *t* 期的组织资本；$\delta_0$ 为研发费用折现率，参考国内文献的做法（蒋艺翅和姚树洁，2023）对其取值为12%；$SA_{it}$ 为企业 *i* 在 *t* 期的销售费用与管理费用之和；$CPI_t$ 表示 *t* 期的消费者价格指数；$oc_0$ 为初始期企业的组织资本；*g* 为销售费用与管理费用之和的实际平均增长率。通过上述方法计算得到企业的组织资本，当该指标越大，意味着企业的组织资本积累越高。

5. 控制变量。参考已有的研究成果（李思飞等，2023；蔡洪波等，2023；甄红线等，2023），本章在基准模型中加入一系列企业层面可能影响其数字化的控制变量，企业特征方面的变量有产权性质（*soe*）、公司成立年限（*age*），企业治理方面的控制变量有两职合一（*dual*）、第一大股东持股比例（*topone*），企业经营情况相关的变量有公司规模（*assets*）、无形资产比例（*itang*）、资产负债率（*leverage*）、现金流（*cashflow*）、营业总收入增长率（*growth*）、总资产净利润率（*roa*）。具体的变量说明如表 3.1 所示。

表 3.1　变量说明

| 类型 | 符号 | 名称 | 定义 |
|---|---|---|---|
| 被解释变量 | *dig* | 企业数字化 | 企业数字化指数的自然对数 |
| 核心解释变量 | *comp* | 市场竞争 | 1-赫芬达尔指数 |
| 调节变量 | *lerner* | 行业地位 | （营业收入-营业成本-销售费用-管理费用）/ 营业收入 |
| | *oc* | 组织资本 | 采用永续盘存法测度企业的组织资本 |
| 控制变量 | *soe* | 产权性质 | 虚拟变量，公司为国企取 1，否则取 0 |
| | *age* | 公司成立年限 | 公司成立年限的自然对数 |
| | *dual* | 两职合一 | 虚拟变量，公司 CEO 与董事长由同一人担任时取 1，否则取 0 |
| | *topone* | 第一大股东持股比例 | 公司第一大股东持股比率 |
| | *assets* | 公司规模 | 公司年末总资产的自然对数 |
| | *itang* | 无形资产比例 | 公司年末无形资产净额 / 年末总资产 |
| | *leverage* | 资产负债率 | 公司年末总负债 / 年末总资产 |
| | *cashflow* | 现金流 | 公司经营活动产生现金流量净额 / 年末总资产 |
| | *growth* | 营业总收入增长率 | 公司当年营业总收入 / 公司上一年营业总收入 |
| | *roa* | 总资产净利润率 | 公司当年净利润 / 公司年末总资产余额 |

## 四、描述性统计

本章所涉及的变量的描述性统计如表 3.2 所示。样本中，企业数字化指数经过对数化处理后均值为 3.561，标准差为

0.238，市场竞争均值为 0.927，标准差为 0.061；从调节变量来看，企业行业地位的均值为 0.126，标准差为 0.144，组织资本平均值为 0.388，标准差为 0.351，这一系列指标与已有文献的结果较为接近（陈志斌和王诗雨，2015；蒋艺翅和姚树洁，2023）。此外，从控制变量的结果来看，公司基本特征、治理因素以及业绩因素的描述性统计均处于合理范围，见表 3.2。

表 3.2　描述性统计

| 变量 | 观测值 | 均值 | 标准差 | 最小值 | 最大值 |
|---|---|---|---|---|---|
| *dig* | 30743 | 3.561 | 0.238 | 3.192 | 4.147 |
| *comp* | 30743 | 0.927 | 0.061 | 0.668 | 0.985 |
| *lerner* | 30743 | 0.126 | 0.144 | −0.445 | 0.546 |
| *oc* | 30743 | 0.388 | 0.351 | 0.020 | 2.040 |
| *soe* | 30743 | 0.343 | 0.475 | 0.000 | 1.000 |
| *age* | 30743 | 2.981 | 0.307 | 2.079 | 3.555 |
| *dual* | 30743 | 0.287 | 0.453 | 0.000 | 1.000 |
| *topone* | 30743 | 0.344 | 0.149 | 0.088 | 0.750 |
| *assets* | 30743 | 22.238 | 1.315 | 19.768 | 26.221 |
| *itang* | 30743 | 0.046 | 0.054 | 0.000 | 0.354 |
| *leverage* | 30743 | 0.431 | 0.211 | 0.0549 | 0.940 |
| *cashflow* | 30743 | 0.225 | 0.394 | −0.644 | 2.013 |
| *growth* | 30743 | 0.173 | 0.443 | −0.607 | 2.893 |
| *roa* | 30743 | 0.036 | 0.067 | −0.292 | 0.205 |

## 第五节　市场竞争促进企业数字化的实证分析

### 一、基准回归

在基准回归部分，本章对于模型（3-1）进行估计，探究市场竞争对于企业数字化的影响。第（1）列未加入控制变量和固定效应，核心解释变量 *comp* 的估计系数为 0.606，且在 1% 的水平上显著。第（2）、（3）列逐步加入企业固定效应与年份固定效应，回归系数依然在 1% 的水平上显著为正，这一结果初步表明，市场竞争程度会显著促进业内企业数字化程度的提升。第（4）列汇报了在同时控制企业与年份固定效应的基础上进一步加入一系列控制变量后的回归结果，市场竞争（*comp*）的回归系数为 0.170，该回归系数在 1% 的水平上依然显著为正，这表明市场竞争程度对于行业内企业的数字化水平产生显著的正向影响。从模型的经济含义来看，市场竞争程度每提高 1 个标准差（0.061），行业内企业的数字化程度平均而言将提高 1.04%（0.061×0.170=0.01037）。基准回归见表 3.3。

表 3.3　基准回归：市场竞争对企业数字化的影响

| | （1） | （2） | （3） | （4） |
|---|---|---|---|---|
| | *dig* | *dig* | *dig* | *dig* |
| *comp* | 0.606*** | 0.672*** | 0.167*** | 0.170*** |
| | （0.049） | （0.058） | （0.041） | （0.041） |

续表

| | （1） | （2） | （3） | （4） |
|---|---|---|---|---|
| | *dig* | *dig* | *dig* | *dig* |
| *soe* | | | | −0.010 |
| | | | | （0.007） |
| *age* | | | | −0.028 |
| | | | | （0.028） |
| *dual* | | | | −0.001 |
| | | | | （0.003） |
| *topone* | | | | −0.083*** |
| | | | | （0.020） |
| *assets* | | | | 0.038*** |
| | | | | （0.003） |
| *itang* | | | | −0.059 |
| | | | | （0.041） |
| *leverage* | | | | −0.011 |
| | | | | （0.011） |
| *cashflow* | | | | −0.001 |
| | | | | （0.003） |
| *growth* | | | | −0.002 |
| | | | | （0.002） |
| *roa* | | | | −0.035** |
| | | | | （0.016） |
| 常数项 | 2.992*** | 2.938*** | 3.407*** | 2.675*** |
| | （0.045） | （0.054） | （0.038） | （0.116） |
| 企业固定效应 | 否 | 是 | 是 | 是 |
| 年份固定效应 | 否 | 否 | 是 | 是 |

续表

| | （1） | （2） | （3） | （4） |
|---|---|---|---|---|
| | *dig* | *dig* | *dig* | *dig* |
| $R^2$/Adj-$R^2$ | 0.023 | 0.743 | 0.830 | 0.834 |
| 观测值 | 30743 | 30743 | 30743 | 30743 |

注：括号内是稳健标准误，***、**、*分别表示在1%、5%、10%水平下显著。后表同。

## 二、稳健性检验

为使本章基准回归的结果更加稳健，本章进行了如下操作。

第一，更换核心解释变量测度方式。表3.4第（1）至（3）列分别汇报了使用行业熵指数（*EI*）、行业内企业数量（*NUM*）、行业内前四大企业收入比重（*CRfour*）替换核心解释变量市场竞争程度（*comp*）后的回归结果，*EI*或*NUM*的取值越大，对应行业的竞争程度越激烈，二者的回归系数均显著为正；与之相反，*CRfour*的取值越大，表示前四大企业的收入越集中，对应行业的竞争程度越不激烈，回归结果显示其系数显著为负，这一系列稳健性检验均支持基准回归的结果，即市场竞争程度对于企业数字化存在显著的正向影响。

第二，更换被解释变量测度方式。参考吴非等（2021）、肖土盛等（2022）、李思飞等（2023）的做法，本章使用上市公司年报中涉及"企业数字化"的词频（*digtext*）作为企业数字化的代理变量，表3.4第（4）列汇报了这一结果，市场竞争的回归系数依然在5%的水平显著为正，基准回归的结论具有稳健性。

表3.4　稳健性检验：替换变量测度方式

| | （1） | （2） | （3） | （4） |
|---|---|---|---|---|
| | 替换核心解释变量 | 替换核心解释变量 | 替换核心解释变量 | 替换被解释变量 |
| | *dig* | *dig* | *dig* | *digtext* |
| *EI* | 0.031*** | | | |
| | （0.004） | | | |
| *NUM* | | 0.031*** | | |
| | | （0.005） | | |
| *CRfour* | | | −0.103*** | |
| | | | （0.017） | |
| *comp* | | | | 0.553** |
| | | | | （0.230） |
| *soe* | −0.011 | −0.011 | −0.011 | −0.031 |
| | （0.007） | （0.007） | （0.007） | （0.044） |
| *age* | −0.040 | −0.038 | −0.033 | −0.114 |
| | （0.028） | （0.028） | （0.028） | （0.160） |
| *dual* | −0.001 | −0.000 | −0.001 | 0.009 |
| | （0.003） | （0.003） | （0.003） | （0.019） |
| *topone* | −0.077*** | −0.079*** | −0.079*** | −0.443*** |
| | （0.020） | （0.020） | （0.020） | （0.110） |
| *assets* | 0.038*** | 0.037*** | 0.038*** | 0.203*** |

续表

|  | （1） | （2） | （3） | （4） |
|---|---|---|---|---|
|  | 替换核心解释变量 | 替换核心解释变量 | 替换核心解释变量 | 替换被解释变量 |
|  | *dig* | *dig* | *dig* | *digtext* |
|  | （0.003） | （0.003） | （0.003） | （0.018） |
| *itang* | −0.058 | −0.049 | −0.062 | −0.086 |
|  | （0.041） | （0.041） | （0.041） | （0.223） |
| *leverage* | −0.013 | −0.013 | −0.011 | −0.067 |
|  | （0.011） | （0.011） | （0.011） | （0.065） |
| *cashflow* | −0.001 | −0.001 | −0.001 | −0.029* |
|  | （0.003） | （0.003） | （0.003） | （0.018） |
| *growth* | −0.002 | −0.002 | −0.002 | 0.004 |
|  | （0.002） | （0.002） | （0.002） | （0.011） |
| *roa* | −0.036** | −0.033** | −0.036** | −0.050 |
|  | （0.016） | （0.016） | （0.016） | （0.106） |
| 常数项 | 2.758*** | 2.735*** | 2.891*** | −3.527*** |
|  | （0.108） | （0.108） | （0.108） | （0.601） |
| 企业固定效应 | 是 | 是 | 是 | 是 |
| 年份固定效应 | 是 | 是 | 是 | 是 |
| 城市-年份固定效应 | 否 | 否 | 否 | 否 |
| 城市-行业固定效应 | 否 | 否 | 否 | 否 |
| Adj-$R^2$ | 0.835 | 0.835 | 0.835 | 0.680 |
| 观测值 | 30743 | 30743 | 30743 | 30743 |

第三，选取制造业子样本。本章选取样本中的制造业进

行回归，回归结果如表 3.5 第（1）列所示，市场竞争的回归系数为 0.388，且在 1% 的水平显著为正，这一结果表明本章结论具有稳健性。

第四，加入高维固定效应。在控制行业固定效应、年份固定效应的基础上，本章参考卢福财等（2024）的方法，在基准回归中逐步加入城市–年份、城市–行业固定效应，从而进一步控制样本间的差异，回归结果如表 3.5 第（2）列和第（3）列所示，市场竞争的回归系数分别为 0.176 和 0.212，均在 1% 的水平显著为正，这一结果表明市场竞争对于企业数字化存在正向的影响，本章的结论依旧稳健。

表 3.5　稳健性检验：选取制造业子样本和加入高维固定效应

|  | （1） | （2） | （3） |
|---|---|---|---|
|  | 制造业子样本 | 高维固定效应 | 高维固定效应 |
|  | *dig* | *dig* | *dig* |
| *comp* | 0.388*** | 0.176*** | 0.212*** |
|  | （0.066） | （0.045） | （0.059） |
| *soe* | −0.011 | −0.015* | −0.012 |
|  | （0.009） | （0.008） | （0.008） |
| *age* | −0.086** | −0.030 | −0.006 |
|  | （0.034） | （0.030） | （0.031） |
| *dual* | 0.003 | −0.002 | −0.001 |
|  | （0.004） | （0.003） | （0.003） |
| *topone* | −0.074*** | −0.069*** | −0.057** |
|  | （0.025） | （0.021） | （0.023） |

续表

| | （1） | （2） | （3） |
|---|---|---|---|
| | 制造业子样本 | 高维固定效应 | 高维固定效应 |
| | *dig* | *dig* | *dig* |
| *assets* | 0.041*** | 0.039*** | 0.039*** |
| | （0.004） | （0.003） | （0.003） |
| *itang* | −0.099* | −0.039 | −0.023 |
| | （0.053） | （0.046） | （0.046） |
| *leverage* | 0.007 | −0.013 | −0.009 |
| | （0.013） | （0.012） | （0.012） |
| *cashflow* | −0.002 | 0.001 | 0.002 |
| | （0.003） | （0.003） | （0.003） |
| *growth* | −0.004* | −0.003* | −0.005*** |
| | （0.002） | （0.002） | （0.002） |
| *roa* | −0.033* | −0.033* | −0.018 |
| | （0.019） | （0.017） | （0.016） |
| 常数项 | 2.601*** | 2.669*** | 2.546*** |
| | （0.137） | （0.121） | （0.129） |
| 企业固定效应 | 是 | 是 | 是 |
| 年份固定效应 | 是 | 是 | 是 |
| 城市-年份固定效应 | 否 | 是 | 是 |
| 城市-行业固定效应 | 否 | 否 | 是 |
| Adj-$R^2$ | 0.848 | 0.839 | 0.840 |
| 观测值 | 21088 | 29121 | 29000 |

### 三、内生性分析

在稳健性检验的基础上，考虑到企业数字化与市场竞争程度之间可能存在互为因果带来的内生性问题，即随着行业内企业数字化程度的提升，行业内企业的竞争力不断增强，市场竞争程度可能日趋激烈。此外，在模型设定中也可能存在遗漏相关的解释变量等问题。因此本章采用工具变量对于内生性问题予以缓解，并通过外商投资的政策冲击构建双重差分模型进一步缓解内生性问题。

1. 工具变量法。本章在借鉴已有文献基础上（孔高文等，2020；张军等，2023），使用美国同行业同时期的市场竞争程度（*comp_usa*）作为中国上市公司市场竞争程度的工具变量。就相关性而言，一方面，考虑到中国对外开放进程的加深，越来越多的中国产业融入全球价值链、外资企业进入中国市场，许多行业已经成为全球化市场的一部分，产业资本在全球范围内寻求市场份额和资源，这导致了中美各行业之间的竞争激烈程度高度相关；另一方面，行业与生俱来的特点决定了各个国家的行业拥有相似的市场竞争格局，受到行业资本结构、技术特点、进入退出壁垒等结构性因素的影响，行业内厂商的数量、集中度、成本结构高度相似（Che and Zhang，2018），进而造就了各个国家相近的市场竞争格局，因此，美国同行业同时期的市场竞争程度与中国市场竞争程度之间存在较大的相关性。就排他性而言，美国企业的市场竞争环境与中国企业数字化这一微观决策行为之间不存在直接的影响，中国企业的行为受到美国企业市场竞争的影响较低，因此这一工具变量也满足排他性的要求。本章使用两阶段最小二乘法（2SLS），将美国同行业同时期的市场竞争程度（*comp_usa*）作为工具变量进行估计。

第一阶段结果显示，工具变量（*comp_usa*）的系数为0.036，且在1%的水平上显著为正，这表明美国同行业同时期的与市场竞争程度（*comp*）与本章核心解释变量显著正相关，满足工具变量的相关性要求。第二阶段结果表明，在使用工具变量进行回归之后，市场竞争的回归系数为1.246，在5%的水平显著，即市场竞争导致行业内企业数字化程度显著提升，与本章核心结论一致。在弱工具变量检验中，Cragg-Donald Wald *F* 统计量为65.085、Kleibergen-Paap Wald *F* 统计量为33.414，均显著大于Stock-Yogo检验10%的显著性水平，因此可以认为不存在弱工具变量问题。在考虑了内生性问题后，本章基准回归的结论具有稳健性。

2. 外商投资政策冲击的准实验。参考已有文献的做法（王靖宇和张宏亮，2019），本章以2015年修订《外商投资产业指导目录》事件为政策冲击开展准自然实验，通过构建双重差分模型探究市场竞争对于企业数字化的影响。具体而言，《外商投资产业指导目录》的修订具有严格的外生性，政策的制定不受特定某一企业的影响，企业无法准确预知政策调整的具体时间和所涉及的行业范围；而随着政策的施行，外资进入《外商投资产业指导目录》鼓励或降低限制的行业，提高了行业的市场竞争程度，因此通过该政策构建双重差分模型能够较好地识别市场竞争对于企业数字化的影响。参考已有研究的做法，本章通过手工整理的方法，比对2011年《外商投资产业指导目录》，将2015年《外商投资产业指导目录》中新增的"鼓励行业"或剔除限制的行业视为处理组，其余为对照组，分别对于变量 $treat$ 取 1 或 0，并设置实验时间变量 $post$，对于2015年及以后年份的样本取 1，反之取 0，进一步构建双重差分变量（$did$）为 $treat$ 与 $post$ 的交乘项，以双重差分变量（$did$）替换核心解释变量进行回归检验，结果如表3.6第（3）列所示。双重差分变量（$did$）的回归系数为 0.012，且在 5% 的水平显著，这表明，随着《外商投资产业指导目录》施行，市场竞争程度提高，企业数字化程度总体而言随之提升，这一结论与本章基准回归的结论一致。

上述工具变量与双重差分的内生性检验结果进一步验证了本章基准回归结论的稳健性，即市场竞争对于企业数字化存在正向影响。

表 3.6　内生性分析

| | （1） | （2） | （3） |
|---|---|---|---|
| | 工具变量法 | | 双重差分 |
| | 第一阶段回归 | 第二阶段回归 | |
| | *comp* | *dig* | *dig* |
| comp_usa | 0.036*** | | |
| | （0.006） | | |
| comp | | 1.246** | |
| | | （0.558） | |
| did | | | 0.012** |
| | | | （0.006） |
| soe | 0.001 | −0.012** | −0.010 |
| | （0.002） | （0.005） | （0.007） |
| age | 0.027*** | −0.042* | −0.028 |
| | （0.005） | （0.024） | （0.028） |
| dual | 0.000 | −0.003 | −0.001 |
| | （0.001） | （0.002） | （0.003） |
| topone | −0.019*** | −0.066*** | −0.084*** |
| | （0.004） | （0.018） | （0.020） |
| assets | −0.001 | 0.037*** | 0.038*** |
| | （0.001） | （0.002） | （0.003） |
| itang | 0.038*** | −0.094** | −0.051 |
| | （0.012） | （0.037） | （0.041） |
| leverage | 0.008*** | −0.026*** | −0.011 |
| | （0.003） | （0.009） | （0.011） |
| cashflow | −0.002** | 0.001 | −0.001 |

续表

| | （1） | （2） | （3） |
|---|---|---|---|
| | 工具变量法 | | 双重差分 |
| | 第一阶段回归 | 第二阶段回归 | |
| | *comp* | *dig* | *dig* |
| | （0.001） | （0.003） | （0.003） |
| *growth* | −0.001 | −0.002 | −0.003 |
| | （0.001） | （0.002） | （0.002） |
| *roa* | 0.007 | −0.049*** | −0.035** |
| | （0.005） | （0.016） | （0.016） |
| 企业固定效应 | 是 | 是 | 是 |
| 年份固定效应 | 是 | 是 | 是 |
| Adj-$R^2$ | 0.803 | 0.212 | 0.834 |
| 观测值 | 26647 | 26647 | 30743 |

## 🔘 第六节　企业内外部基础条件的作用

　　基准回归的分析表明，市场竞争的激烈程度对于行业内企业的数字化存在正向影响，这意味着，市场竞争压力是推动企业开展数字化的重要因素之一。然而市场竞争的作用效果不尽相同，会受到企业内外部基础条件的制约，不仅与企业所面临外部市场环境密不可分，也与企业内部的自身禀赋条件息息相关。因此，本章从外部的行业地位和内部的组织资本两个方面着手，探讨企业内外部因素在市场竞争推动企业数字化过程中的调节效应。

## 一、行业地位的调节效应

企业在行业中的地位，对于企业决策的自主性以及经营策略的主动性存在较大的影响。行业地位相对较高的企业能够更为有效地抵御外部竞争带来的冲击，凭借较高的市场地位能够将冲击带来的风险或成本转嫁给竞争对手或消费者（Datta et al.，2013）。由于行业内地位较高的企业受到市场竞争压力的影响可能弱于同行业内地位较低的企业，因此在同行业企业趋之若鹜开展数字化的过程中，行业地位较高的企业可能会综合采用多种策略应对市场竞争带来的冲击，从而削弱市场竞争促进企业数字化的作用。

参考陈志斌和王诗雨（2015），本章使用"（营业收入-营业成本-销售费用-管理费用）/营业收入"测度企业的勒纳指数（*lerner*），将企业勒纳指数（*lerner*）及其与市场竞争（*comp*）的交乘项（*comp* × *lerner*）加入模型（3-1）进行回归，回归结果如表3.7第（1）列所示，交乘项（*comp* × *lerner*）的回归系数为-0.343，且在5%的水平显著为负，这表明，对于行业地位较高的企业而言，市场竞争对于企业数字化的影响效果确实更弱。

出现这一结果，可能的原因在于，首先，凭借行业地位及其所积累的资本、技术等资源，行业地位较高的企业可以通过技术创新或推出新的产品服务，进入相关或全新的业务领域，丰富企业产品矩阵，满足不同客户群体的需求，分散收入来源，缓解数字经济发展背景下业务趋同的局面；其次，凭借较高的行业地位，企业可以通过优化内外部管理效率推动企业发展以应对数字化带来的冲击。对内，企业能够通过加强品牌建设和宣传营销，进一步提升品牌影响力和市场认知度，并通过精细化管理、规模效应降低企业成本；对外，由于企业具有较高的行业地位，因此能够联合上下游企业加强合作、优化供应链管理、强化垂直一体化发展，实现降本增效，从而应对同行业数字化趋势下企业的成本与效率难题；最后，行业地位较高的企业往往具有更加丰富的投资与管理经验，当面临数字化需求时，企业能够通过并购其他相对成熟的数字技术公司，或组合资源成立子公司快速获取新的技术和资源，从而赋能企业的数字化业务，降低盲目数字化带来的效率损失。基于上述分析，在市场竞争推动企业数字化的过程中，较高的行业地位可能对此存在负向的调节效应。

## 二、组织资本的调节效应

企业的组织资本是企业经营与发展过程中所积累的软实力的体现。目前研究中对于企业组织资本的界定暂未达成共识，但大都认可企业的组织特征与人力资源构成了企业组织资本的重要方面。最新的研究认为，组织资本是企业中用于将人才技能与物质资本相结合并投入于产销环节以满足市场需求的知识（Eisfeldt and Papanikolaou，2013；Danielova et al.，2023）。组织资本对于达成组织的目标具有重要的影响，体现在组织的领导力、决策力、想象力和执行力等方面。因此，当企业积累了越高的组织资本，在应对激烈的市场竞争时，越有可能表现出更敏锐的数字化思维并提高数字化的成效。

参考 Danielova et al.（2023）、蒋艺翅和姚树洁（2023）的做法，通过永续盘存法测度企业的组织资本（$oc$），将组织资本（$oc$）及其与市场竞争（$comp$）的交乘项（$comp \times oc$）加入模型（3-1）并进行回归，回归结果如表3.7第（2）列所示，$comp \times oc$ 的回归系数为 0.413，且在 1% 的水平显著，这表明，对于组织资本积累更高的企业而言，市场竞争对于企业数字化的作用效果优于组织资本积累更低的企业。

出现这一结果可能的原因在于，一方面，组织资本积累更高的企业拥有更强的内部协调和资源整合能力，这些企业在长期的发展过程中，已经建立了高效的管理制度、科学的内部流程、高技能的人力资本以及创新的企业文化，这些要素构成了企业快速响应市场变化和市场竞争压力的基础。在激烈的竞争环境中，企业需要快速调整战略和运营模式，组织资本积累高的企业能够利用其强大的内部协调能力，更迅速地进行资源整合和重新配置，快速部署和实施企业数字化。另一方面，高水平的组织资本意味着企业拥有更强的知识获取和管理能力，可以更有效地将市场信息和技术积累转化为实际的创新研发或技术改进。此外，这些企业通常拥有先进的信息系统和数据分析能力，能够更准确地预测市场趋势、了解客户需求并优化决策过程，在市场竞争加剧的背景下，拥有强大知识管理和信息系统的企业能够更快地利用数字化工具和数据分析提升其竞争力，实现更高效、更精准的市场响应和资源配置。

综上所述，组织资本积累更高的企业在面对激烈的市场竞争时，能够通过更强的动态调整能力以及更有效的知识管理，显著提升数字化的效果。

表3.7　调节效应分析：行业地位与组织资本

| | （1） | （2） |
|---|---|---|
| | 行业地位调节效应 | 组织资本调节效应 |
| | *dig* | *dig* |
| *comp* | 0.213*** | 0.074 |
| | （0.044） | （0.059） |
| *lerner* | 0.299** | |
| | （0.124） | |
| *comp × lerner* | −0.343** | |
| | （0.134） | |
| *oc* | | −0.418*** |

续表

| | （1） | （2） |
|---|---|---|
| | 行业地位调节效应 | 组织资本调节效应 |
| | *dig* | *dig* |
| | | （0.150） |
| *comp×oc* | | 0.413*** |
| | | （0.157） |
| *soe* | −0.010 | −0.010 |
| | （0.007） | （0.007） |
| *age* | −0.027 | −0.026 |
| | （0.028） | （0.028） |
| *dual* | −0.001 | −0.000 |
| | （0.003） | （0.003） |
| *topone* | −0.082*** | −0.082*** |
| | （0.020） | （0.020） |
| *assets* | 0.039*** | 0.033*** |
| | （0.003） | （0.004） |
| *itang* | −0.063 | −0.051 |
| | （0.041） | （0.041） |
| *leverage* | −0.011 | −0.010 |
| | （0.011） | （0.011） |
| *cashflow* | −0.000 | −0.000 |
| | （0.003） | （0.003） |
| *growth* | −0.002 | −0.003** |
| | （0.002） | （0.002） |
| *roa* | −0.019 | −0.036** |
| | （0.017） | （0.016） |

| | （1） | （2） |
|---|---|---|
| | 行业地位调节效应 | 组织资本调节效应 |
| | *dig* | *dig* |
| 常数项 | 2.619*** | 2.879*** |
| | （0.117） | （0.135） |
| 控制变量 | 是 | 是 |
| 企业固定效应 | 是 | 是 |
| 年份固定效应 | 是 | 是 |
| Adj-$R^2$ | 0.834 | 0.835 |
| 观测值 | 30743 | 30743 |

## 🖐 第七节　市场竞争促进企业数字化的进一步分析

### 一、机制分析

本章参考江艇（2022）对因果推断研究中中介效应的反思和建议，以及前沿文献中的普遍做法，选择与被解释变量（企业数字化）因果关系清晰的变量作为机制变量，重点开展核心解释变量（市场竞争）与机制变量之间的因果机制论证。

基于前文市场竞争相关的理论分析，结合现有文献中对于企业数字化影响因素的研究，本章从资本效率效应、人才聚集效应、市场关注效应三个维度展开分析（见表3.8）。

1. 资本效率效应。在竞争激烈的行业中，企业需要保

表3.8 机制分析：资本效率效应、人才聚集效应、市场关注效应

| | （1） | （2） | （3） | （4） | （5） | （6） |
|---|---|---|---|---|---|---|
| | 资本效率效应 | | 人才聚集效应 | | 市场关注效应 | |
| | 短期借款依赖 | 非效率投资 | 技术人员比重 | 研发人员比重 | 分析师关注度 | 企业透明度 |
| | sdepend | ieinvest | techp | rdpro | analy | toumin |
| comp | -0.073*** | -0.059*** | 0.205*** | 0.071*** | 0.709*** | 4.062*** |
| | （0.027） | （0.015） | （0.041） | （0.027） | （0.239） | （0.380） |
| soe | -0.005 | -0.007*** | 0.001 | -0.006* | -0.276*** | -0.208*** |
| | （0.005） | （0.002） | （0.007） | （0.003） | （0.054） | （0.063） |
| age | 0.021 | -0.031*** | -0.034 | -0.002 | -0.559*** | -1.675*** |
| | （0.015） | （0.008） | （0.029） | （0.020） | （0.173） | （0.303） |
| dual | 0.002 | -0.002 | 0.001 | -0.001 | 0.017 | 0.028 |
| | （0.002） | （0.001） | （0.003） | （0.002） | （0.021） | （0.030） |
| topone | -0.009 | -0.006 | 0.012 | 0.003 | 0.064 | 0.697*** |
| | （0.012） | （0.006） | （0.022） | （0.012） | （0.124） | （0.179） |
| assets | -0.003 | 0.001 | 0.011*** | 0.002 | 0.491*** | 0.164*** |

续表

| | (1) 资本效率效应 | (2) | (3) 人才聚集效应 | (4) | (5) 市场关注效应 | (6) |
| | 短期借款依赖 sdepend | 非效率投资 ieinvest | 技术人员比重 techp | 研发人员比重 rdpro | 分析师关注度 analy | 企业透明度 toumin |
|---|---|---|---|---|---|---|
| | (0.002) | (0.001) | (0.003) | (0.003) | (0.020) | (0.028) |
| itang | -0.007 | 0.094*** | -0.111*** | -0.006 | -0.520** | 0.334 |
| | (0.030) | (0.018) | (0.038) | (0.034) | (0.234) | (0.346) |
| leverage | 0.311*** | 0.011** | -0.007 | -0.034*** | -0.402*** | -1.238*** |
| | (0.009) | (0.005) | (0.011) | (0.008) | (0.071) | (0.101) |
| cashflow | -0.022*** | -0.004*** | -0.002 | -0.004** | -0.001 | -0.071** |
| | (0.002) | (0.001) | (0.003) | (0.002) | (0.018) | (0.028) |
| growth | -0.006*** | 0.013*** | 0.002 | 0.000 | 0.037*** | 0.052*** |
| | (0.001) | (0.001) | (0.002) | (0.001) | (0.011) | (0.015) |
| roa | -0.077*** | 0.053*** | -0.019 | -0.021* | 2.503*** | 1.441*** |
| | (0.012) | (0.009) | (0.016) | (0.011) | (0.125) | (0.166) |

续表

|  | （1） | （2） | （3） | （4） | （5） | （6） |
|---|---|---|---|---|---|---|
|  | 资本效率效应 | | 人才聚集效应 | | 市场关注效应 | |
|  | 短期借款依赖 | 非效率投资 | 技术人员比重 | 研发人员比重 | 分析师关注度 | 企业透明度 |
|  | *sdepend* | *ieinvest* | *techp* | *rdpro* | *analy* | *toumin* |
| 常数项 | 0.046 | 0.160*** | -0.150 | 0.061 | -8.414*** | 0.109 |
|  | （0.066） | （0.038） | （0.109） | （0.078） | （0.699） | （1.089） |
| 控制变量 | 是 | 是 | 是 | 是 | 是 | 是 |
| 企业固定效应 | 是 | 是 | 是 | 是 | 是 | 是 |
| 年份固定效应 | 是 | 是 | 是 | 是 | 是 | 是 |
| Adj-$R^2$ | 0.745 | 0.225 | 0.600 | 0.879 | 0.672 | 0.575 |
| 观测值 | 29333 | 22928 | 30057 | 19438 | 28937 | 30743 |

持灵活性和快速反应能力，以适应市场变化并获得竞争优势，因此，激烈的市场竞争可能会倒逼企业更加注重财务健康和资金流动性管理，从而使其维持较高的投融资效率。参考刘海明和李明明（2020）、徐倩（2014）的做法，本章以短期借款依赖和非效率投资水平为代理变量，从融资与投资的角度检验市场竞争对于企业投融资效率的影响。回归结果表明，短期借款依赖与非效率投资水平的回归系数均显著为负，这意味着随着市场竞争程度的提高，企业短期借款依赖度以及非效率投资水平均下降，投融资效率提升。更高的投融资效率为企业数字化的开展奠定良好的基础，从而有力推动企业数字化程度提升。

2. 人才聚集效应。随着市场竞争程度的提升，优化人力结构、吸引高技能人才强化竞争优势成为企业抵御市场竞争的重要手段。具体而言。首先，企业为了在竞争中脱颖而出，需要依靠高技能人才来开发创新产品、优化生产流程和提升服务质量等方面，以保持竞争优势。其次，竞争激烈的行业往往会给予高技能人才更好的待遇和发展机会，包括更高的薪酬、更广阔的职业发展空间和更丰厚的福利待遇等，这些优厚的条件吸引了大量高技能人才的加入和留存。最后，竞争激烈的市场往往提供了更多的机会和挑战，吸引了高技能人才的兴趣和动力，这些人才通常渴望在充满活力和竞争的环境中展现自己的能力，并通过解决挑战来实现个人和职业发展。本章以技术人员比重、研发人员比重作为人才聚集效应的代理变量（陈玉罡等，2015），回归发现，市场竞争的回归系数均显著为正，即激烈的市场竞争环境促进了人才的聚集，而随着人才的聚集，企业开展数字化的人力资本不断提高，数字化程度随之增加。

3. 市场关注效应。随着企业所处行业的竞争程度的提升，外部市场对于企业的关注程度也不断提高。具体而言，竞争激烈的行业通常能够激发企业进行更多的创新和发展，迫使企业通过降低价格、加大宣传、改善质量等形式争夺市场份额，甚至可能会受到监管机构更加密切的关注，确保市场的公平竞争和健康发展。这一系列经营策略或监管特点往往能够引起竞争对手、消费者或监管机构的关注，而为了应对来自市场的关注，企业可能倾向于通过数字化的手段改进运营效率、革新商业模式、提高经营合规性，从而在管理、经营、内部控制等环节全面推动企业数字化。参考辛清泉等（2014）的做法，本章以分析师关注度、企业透明度指标作为市场关注的代理变量，二者回归系数均在 1% 的水平显著为正，这一结果表明，市场竞争与市场关注存在显著的正向影响。

## 二、异质性分析

为进一步分析市场竞争对于企业数字化的异质性影响，

本章围绕治理结构、资本密集度、数字化发展环境三个维度的异质性展开分析。

1. 治理结构异质性。为分析不同治理结构下市场竞争对于企业数字化的影响，本章通过董事长与总经理兼任的虚拟变量两职合一（*dual*）构建交乘项加入模型（3-1）进行回归检验。回归结果如表 3.9 第（1）列所示，交乘项的回归系数显著为负。这表明，当企业内部董事长与总经理兼任时，市场竞争对于企业数字化的驱动作用可能更弱。

其可能的原因在于，一方面，权利更加集中的治理结构可能导致企业的战略决策过于缺乏多样化的观点和意见，而当面临数字化时可能会表现出限制企业对于新技术、新方法的接受和应用，从而抑制数字化的效果；另一方面，市场竞争对企业数字化的驱动作用在于竞争压力，当企业面临激烈的竞争时，企业往往会被迫不断改进自己的业务模式、流程和技术，以保持竞争力。然而，如果企业内部权力过于集中，可能导致管理层对市场变化和竞争态势的认识不足，缺乏足够的动力和紧迫感推动数字化，缺乏对创新和变革的积极性。

2. 资本密集度异质性。为考虑不同资本密集度下市场竞争对于企业数字化的影响，本章将样本按照资本密集度进行划分，当资本密集度高于样本中位数时定义为"高资本密集度企业"并对于虚拟变量 *cap* 赋值为 1，反之则定义为"低资本密集度企业"并对于虚拟变量 *cap* 赋值为 0，将虚拟变量 *cap* 及其与市场竞争（*comp*）的交乘项加入模型（3-1）进行回归检验，结果如表 3.9 第（2）列所示，交乘项的回归系数显著为负。这表明，当企业的资本密集度越高，市场竞争对于企业数字化的驱动作用可能更弱。

这一结果可能的原因在于，资本密集度高的企业通常依赖大量资本投入，如设备和机器，构成其主要成本结构。这种情况下，企业可能更注重资本的有效利用和成本的控制，从而扩大自身的竞争优势，而不太愿意承担企业数字化所需的额外成本负担。数字化需要大量资金投入用于技术更新、信息系统建设和员工培训，这一支出将加大企业负担，因而可能降低了企业对于数字化的积极性。此外，资本密集度高的企业通常已经建立了稳定的生产模式和传统的经营方式，这些模式可能已经深入根植于企业文化之中，然而数字化可能会打破现有的稳定状态，引入不确定性和风险，因此企业可能缺乏对于数字化的紧迫感和动力。因此，在竞争激烈的行业环境下，资本密集度高的企业也可能更倾向于保持现状，而不是积极地投入企业数字化中。

3.数字发展环境异质性。大数据及相关技术是影响企业数字化、实现数字化深度变革的重要的因素。为推进中国大数据发展和应用、加快建设数据强国建设，国务院于 2015 年制定了《促进大数据发展行动纲要》并于 2016 年颁布一系列试点区域，用以建设国家级大数据综合试验区，为探究以国家级大数据综合试验区为代表的数字发展环境在市场竞争推动企业数字化过程中的影响，本章参考已有文献的做法（孙伟增等，2023），通过搜集国家级大数据综合试验区数据构建虚拟变量 $bigdata$，当企业所处的城市位于该试点区域且样本年份为 2016 年及以后，则对于 $bigdata$ 赋值为 1，反之为 0，将 $bigdata$ 及其与市场竞争（$comp$）的交乘项加入模型（3-1）进行回归检验，结果如表 3.9 第（3）列所示，交乘项的系数显著为正，这表明，在国家级大数据综合试验区中的企业，市场竞争对于企业数字化的促进作用更加强烈。

综合考虑该项政策及企业数字化的特点，其可能的原因在于，首先，试验区内政府数据开放共享为企业提供了相较于竞争对手更强的信息优势，通过获取政府部门和公共机构开放的数据资源，企业可以更深入地了解市场动态、消费者偏好、竞争对手策略等关键信息，从而及时调整自身策略、产品和服务，抢占市场先机，增强市场竞争力。其次，大数据基础设施建设提升了企业数据处理和分析的能力，帮助企业更好地把握市场机会和应对挑战。在日益激烈的市场竞争中，企业需要准确、迅速地响应市场变化，不断优化产品和服务，而政府投资建设的大数据基础设施，为企业提供了高效的数据处理和分析平台，帮助企业快速获取和分析大数据，从而更及时地调整战略和行动，增强市场竞争力。最后，政府的宏观调控科学化和政府治理精准化为企业提供了更稳定、公平的市场环境，在市场竞争中，政策环境的稳定和公平对于企业的发展至关重要，政府利用大数据技术实现宏观调控的科学化，可以更精准地把握经济运行和市场需求，为企业提供稳定的宏观环境；同时，政府加强对企业行为和市场监管的精准化管理，提高了市场的公平竞争程度，为企业提供公平竞争的市场环境，增强了企业的竞争力。

此外，自 2012 年起，中国在全国范围内实行了"宽带中国战略"，旨在推动宽带网络加速向社会经济各个层面渗透，为物联网、云计算等先进数字技术的应用创造了数字基础设施环境与支撑企业数字化的底层设施。本章通过构建宽带中国试点城市虚拟变量 *broadband*，将其及其与市场竞争（*comp*）的交乘项加入模型（3-1）进行回归，回归结果如表 3.9 第（4）列所示，交乘项系数为 0.082，且显著为正，这一结果表明，在数字经济基础设施建设相对完善的地区，市场竞争对于企业数字化的推动作用更加显著。

综上所述，这一系列结果表明，通过强化数字经济基础设施、推广可复制的大数据解决方案试点有助于构筑企业数字化的外部环境，有助于从基建、技术、政策等层面支撑企业数字化，为企业应对市场竞争、加速数字化、构筑竞争优势创造了有利的条件。

表 3.9　异质性分析：治理结构、资本密集度、数字发展环境

| | （1）治理结构异质性 | （2）资本密集度异质性 | （3）数字发展环境异质性 | （4）数字发展环境异质性 |
|---|---|---|---|---|
| | *dig* | *dig* | *dig* | *dig* |
| *comp* | 0.190*** | 0.214*** | 0.141*** | 0.138*** |
| | （0.044） | （0.048） | （0.042） | （0.045） |
| *dual* | 0.072 | | | |
| | （0.044） | | | |
| *dual×comp* | −0.079* | | | |
| | （0.047） | | | |
| *cap* | | 0.062 | | |
| | | （0.040） | | |
| *cap×comp* | | −0.072* | | |
| | | （0.043） | | |
| *bigdata* | | | −0.175*** | |
| | | | （0.058） | |
| *bigdata×comp* | | | 0.197*** | |
| | | | （0.062） | |
| *broadband* | | | | −0.059 |
| | | | | （0.046） |
| *broadband×comp* | | | | 0.082* |
| | | | | （0.050） |
| *soe* | −0.010 | −0.010 | −0.010 | −0.010 |
| | （0.007） | （0.007） | （0.007） | （0.007） |
| *age* | −0.027 | −0.028 | −0.028 | −0.025 |
| | （0.028） | （0.028） | （0.028） | （0.028） |
| *dual* | — | −0.001 | −0.001 | −0.001 |

续表

| | （1） | （2） | （3） | （4） |
|---|---|---|---|---|
| | 治理结构<br>异质性 | 资本密集<br>度异质性 | 数字发展<br>环境异质性 | 数字发展<br>环境异质性 |
| | *dig* | *dig* | *dig* | *dig* |
| | — | （0.003） | （0.003） | （0.003） |
| *topone* | −0.083*** | −0.082*** | −0.082*** | −0.083*** |
| | （0.020） | （0.020） | （0.020） | （0.020） |
| *assets* | 0.038*** | 0.039*** | 0.038*** | 0.038*** |
| | （0.003） | （0.003） | （0.003） | （0.003） |
| *itang* | −0.059 | −0.058 | −0.061 | −0.061 |
| | （0.041） | （0.041） | （0.041） | （0.041） |
| *leverage* | −0.010 | −0.012 | −0.011 | −0.011 |
| | （0.011） | （0.011） | （0.011） | （0.011） |
| *cashflow* | −0.001 | −0.001 | −0.001 | −0.001 |
| | （0.003） | （0.003） | （0.003） | （0.003） |
| *growth* | −0.002 | −0.003 | −0.002 | −0.002 |
| | （0.002） | （0.002） | （0.002） | （0.002） |
| *roa* | −0.035** | −0.038** | −0.036** | −0.034** |
| | （0.016） | （0.016） | （0.016） | （0.016） |
| 常数项 | 2.654*** | 2.628*** | 2.702*** | 2.694*** |
| | （0.117） | （0.120） | （0.116） | （0.118） |
| 控制变量 | 是 | 是 | 是 | 是 |
| 企业固定效应 | 是 | 是 | 是 | 是 |
| 年份固定效应 | 是 | 是 | 是 | 是 |
| Adj-$R^2$ | 0.834 | 0.834 | 0.835 | 0.835 |
| 观测值 | 30743 | 30739 | 30743 | 30743 |

## 🔊 第八节　结论与启示

　　企业数字化是加快建设"数字中国"、促进数字经济和实体经济深度融合的微观作用点，如何有效驱动企业数字化，成为学术界和业界共同关注的重要议题。市场竞争是有效配置资源和提升经济效率的源泉，探究产业组织层面的市场竞争如何影响企业数字化，具有重要的理论和现实意义。本章以2011—2022年A股上市公司为研究样本，实证分析了市场竞争影响企业数字化的作用及机制。研究发现，第一，市场竞争能够显著促进企业数字化，经过一系列稳健性检验和内生性分析均表明该结论稳健。第二，调节效应分析发现，这一作用受到企业内外部基础条件的制约，企业的行业地位会削弱市场竞争对企业数字化的促进作用，随着企业行业地位的提升，市场竞争促进企业数字化的作用逐渐减弱；而企业的组织资本会加强市场竞争对企业数字化的促进作用，随着企业组织资本的增加，市场竞争促进企业数字化的作用逐渐加强。第三，机制分析表明，市场竞争能够显著提升资本效率、推动人才聚集、吸引市场关注，进而促进企业数字化。第四，异质性分析表明，在董事长与总经理两职分离、低资本密集度、处于国家级大数据综合试验区、处于宽带中国试点城市的企业中，市场竞争能够发挥更为明显的促进企业数字化的作用。基于研究结论，提出如下政策建议和实践启示。

对于政府而言，一是提升市场的竞争活力，营造公平的竞争环境。从本章结论来看，充分的市场竞争有助于促进企业数字化，是提升企业数字化水平的重要驱动力。因此，要进一步完善市场机制，破除市场竞争的堵点，不断完善市场准入、反垄断、反不正当竞争、公平竞争审查等方面的竞争政策，以充分发挥市场在资源配置中的决定性作用，提升市场竞争的充分性和公平性。二是积极引导企业数字化，制定有针对性的扶持政策。本章结论表明，市场竞争促进了企业数字化，且这一作用随企业行业地位的提升而减弱，随企业组织资本的提升而增强。因此，制定企业数字化时要因企施策，有针对性地激励竞争性较弱的垄断行业中的企业数字化，对行业地位较高和组织资本较低的企业予以补贴等政策支持，继续推进国有企业数字化，以更好地促进数字经济与实体经济深度融合。三是加强数字基础设施建设，优化数字经济发展环境。本章的异质性分析结果表明，在数字发展环境更优的企业中，市场竞争促进企业数字化的作用更加显著。因此，要继续加强数字基础设施建设，建立健全数据基础制度，从网络基础设施、算力基础设施、应用基础设施等方面持续发力，同时要完善数字经济的战略规划和政策体系，不断优化数字经济发展环境。

对于企业而言，一是把握数字经济发展机遇，积极推动企业数字化。本章结论表明，企业数字化是面对市场竞争压力的有效手段。因此，在面对"挤压式"竞争时，企业应牢牢把握数字经济时代赋予的发展机遇，勇于克服"不愿""不敢""不会"的心态，积极坚定地推动企业数字化，不断提升企业数字化动力和能力，在激烈的市场竞争中打造竞争新优势。二是合理评估自身基础条件，采用差异化的企业数字化战略。本章研究发现，行业地位和组织资本均对市场竞争促进数字化具有调节作用，且对于董事长与总经理两职分离、低资本密集度的企业，市场竞争促进数字化的作用更显著。因此，企业在推进数字化时不应盲目模仿与跟风，而是要根据自身的基础条件和经营状况，制定有针对性、可操作的差异化数字化战略，从而最大化发挥企业数字化的积极影响。三是疏导传导路径，畅通作用渠道。本章的机制分析发现，市场竞争通过提升资本效率、推动人才聚集、吸引市场关注，来促进企业数字化。因此，企业应重视财务健康，改善投融资效率，努力吸引高技能人才，不断优化人才结构，提升市场关注度和企业透明度，打通市场竞争促进企业数字化的堵点，畅通推进企业数字化的作用渠道，以充分发挥市场竞争对企业数字化的驱动作用。

# 本章参考文献

[1] Aghion, P., Bloom, N., Blundell, R., et al. (2005). Competition and innovation: An inverted-U relationship. *Quarterly Journal of Economics*, 120(2), 701−728.

[2] Arrow, K. J. (1962). Economic welfare and the allocation of resources for invention in National Bureau of Economic Research, eds., *The Rate and Direction of Inventive Activity: Economic and Social Factors*. New Jersey: Princeton University Press.

[3] Autor, D., Dorn, D., Hanson, G. H., et al. (2020). Foreign competition and domestic innovation: Evidence from US Patents. *American Economic Review: Insights*, 2(3), 357−374.

[4] Banalieva, E. R., Dhanaraj, C. (2019). Internalization theory for the digital economy. *Journal of International Business Studies*, 50, 1372−1387.

[5] Bertrand, M., Mullainathan, S. (2003). Enjoying the quiet life? Corporate governance and managerial preferences. *Journal of Political Economy*, 111(5), 1043−1075.

[6] Bloom, N., Draca, M., Reenen, J. V. (2016). Trade induced technical change? The impact of chinese imports on innovation, IT and productivity. *Review of Economic Studies*, 83(1), 87−117.

[7] Bloom, N., Sadun, R., Reenen, J. V. (2010). Does product market competition lead firms to decentralize. *American Economic Review*,

100(2), 434−438.

[8] Boubaker, S., Saffar, W., Sassi, S. (2018). Product market competition and debt choice. *Journal of Corporate Finance*, 49, 204−224.

[9] Browder, R. E., Dwyer, S. M., Koch, H. (2024). Upgrading adaptation: How digital transformation promotes organizational resilience. *Strategic Entrepreneurship Journal*, 18(1), 128−164.

[10] Bustamante, M. C., Donangelo, A. (2017). Product market competition and industry returns. *Review of Financial Studies*, 30(12), 4216−4266.

[11] Cai, H., Liu, Q. (2009). Competition and corporate tax avoidance: Evidence from Chinese industrial firms. *Economic Journal*, 119(537), 764−795.

[12] Chhaochharia, V., Grinstein, Y., Grullon, G., et al. (2017). Product market competition and internal governance: Evidence from the Sarbanes-Oxley act. *Management Science*, 63(5), 1405−1424.

[13] Che, Y., Zhang, L. (2018). Human capital,technology adoption and firm performance: Impacts of China's higher education expansion in the Late 1990s. *Economic Journal*, 128(614), 2282−2320.

[14] Chen, C., Dasgupta, S., Huynh, T. D., et al. (2023). Product market competition and corporate relocations: Evidence from the supply chain. *Management Science*, 69(9), 5147−5173.

[15] Copestake, A., Estefania-Flores, J., Furceri, D. (2024). Digitalization and resilience. *Research Policy*, 53(3), 104948.

[16] Danielova, A., Francis, B. B., Teng, H., et al. (2023). The effect of organization capital on the cost of bank loans. *Journal of Financial and Quantitative Analysis*, 58(6), 2579−2616.

[17] Dasgupta, S., Li, X., Wang, A. Y. (2017). Product market competition shocks, firm performance, and forced CEO turnover. *Review of Financial Studies*, 31(11), 4187−4231.

[18] Datta, S., Iskandar-Datta, M., Singh, V. (2013). Product market power, industry structure, and corporate earnings management. *Journal of Banking & Finance*, 37(8), 3273−3285.

[19] Eisfeldt, A. L., Papanikolaou, D. (2013). Organization capital and the cross-section of expected returns. *Journal of Finance*, 68(4), 1365−1406.

[20] Evenson, R. E., Westphal, L. E. (1995). Technological change and technology strategy, in Behrman, J. and Srinivasan, T. N., eds., *Handbook of Development Economics*. Amsterdam: Elsevier.

[21] Firk, S., Hanelt, A., Oehmichen, J., et al. (2021). Chief digital officers: An analysis of the presence of a centralized digital transformation role. *Journal of Management Studies*, 58(7), 1800−1831.

[22] Guadalupe, M. (2007). Product market competition, returns to skill, and wage inequality. *Journal of Labor Economics*, 25(3), 439−474.

[23] Hanelt, A., Bohnsack, R., Marz, D., et al. (2021). A systematic review of the literature on digital transformation: Insights and implications for strategy and organizational change. *Journal of Management Studies*, 58(5), 1159−1197.

[24] Hasan, M. M., Cheung, A. (2018). Organization capital and firm life cycle. *Journal of Corporate Finance*, 48, 556−578.

[25] Hoberg, G., Phillips, G., Prabhala, N. (2014). Product market threats, payouts, and financial flexibility. *Journal of Finance*, 69(1), 293−324.

[26] Hsu, C., Li, X., Ma, Z., et al. (2023). Does industry competition influence analyst coverage decisions and career outcomes? *Journal of Financial and Quantitative Analysis*, 58(2), 711−745.

[27] Iacovone, L., Pereira-López, M., Schiffbauer, M. (2023). Competition makes IT better: Evidence on when firms use IT more effectively. *Research Policy*, 52(8), 104786.

[28] Kwon, S., Marco, A. C. (2021). Can antitrust law enforcement spur innovation? Antitrust regulation of patent consolidation and its impact on follow-on innovations. *Research Policy*, 50(9), 104295.

[29] Li, S., Zhan, X. (2019). Product market threats and stock crash risk. *Management Science*, 65(9), 4011−4031.

[30] Liu, Q., Lu, R., Lu, Y., et al. (2021). Import competition and firm innovation: Evidence from China. *Journal of Development Economics*, 151, 102650.

[31] Loncan, T. (2023). Product market competition and FDI decisions. *Journal of Financial and Quantitative Analysis*, 58(6), 2617−2656.

[32] Mithas, S., Tafti, A., Mitchell, W. (2013). How a firm's competitive environment and digital strategic posture influence digital business strategy. *MIS Quarterly*, 37(2), 511−536.

[33] Parise, G. (2018). Threat of entry and debt maturity: Evidence from airlines. *Journal of Financial Economics*, 127(2), 226−247.

[34] Peress, J. (2010). Product market competition, insider trading, and stock market efficiency. *Journal of Finance*, 65(1), 1−43.

[35] Reuter, E., Floyd, S. (2024). Strategic leaders' ecosystem vision formation and digital transformation: A motivated interactional lens. *Strategic Entrepreneurship Journal*, 18(1), 103−127.

[36] Schumpeter, J. A. (1942). *Capitalism, Socialism, and Democracy*. New York and London: Harper and Brothers, 1942.

[37] Xin, M., Choudhary, V. (2019). IT investment under competition: The role of implementation failure. *Management Science*, 65(4), 1909−1925.

[38] 蔡宏波、汤城建、韩金镕. 减税激励、供应链溢出与数字化转型 [J]. 经济研究，2023(07): 156−173.

[39] 陈剑、黄朔、刘运辉. 从赋能到使能——数字化环境下的企业运营管理 [J]. 管理世界，2020(02): 117−128.

[40] 陈信元、靳庆鲁、肖土盛、张国昌. 行业竞争、管理层投资决策与公司增长 / 清算期权价值 [J]. 经济学（季刊），2014(01): 305−332.

[41] 陈玉罡、蔡海彬、刘子健、程瑜. 外资并购促进了科技创新吗？[J]. 会计研究，2015(09): 68−73.

[42] 陈志斌、王诗雨. 产品市场竞争对企业现金流风险影响研究——基于行业竞争程度和企业竞争地位的双重考量 [J]. 中国

工业经济，2015(03): 96-108.

[43] 邓新明、郭雅楠. 竞争经验、多市场接触与企业绩效——基于红皇后竞争视角 [J]. 管理世界，2020(11): 111-132.

[44] 邓忠奇、庞瑞芝、陈甫军. 从市场势力到有效市场势力——以中国化学药品制剂制造业为例 [J]. 管理世界，2022(01): 90-108.

[45] 杜媛、董文婷、蒋雪桐. 产品市场竞争优势与双重股权结构选择——基于外部股东视角 [J]. 会计研究，2021(06): 91-103.

[46] 韩峰、姜竹青. 集聚网络视角下企业数字化的生产率提升效应研究 [J]. 管理世界，2023(11): 54-77.

[47] 何玉润、林慧婷、王茂林. 产品市场竞争、高管激励与企业创新——基于中国上市公司的经验证据 [J]. 财贸经济，2015(02): 125-135.

[48] 黄继承、姜付秀. 产品市场竞争与资本结构调整速度 [J]. 世界经济，2015(07): 99-119.

[49] 简泽、谭利萍、吕大国、符通. 市场竞争的创造性、破坏性与技术升级 [J]. 中国工业经济，2017(05): 16-34.

[50] 江艇. 因果推断经验研究中的中介效应与调节效应 [J]. 中国工业经济，2022(05): 100-120.

[51] 蒋艺翅、姚树洁. 组织资本、利益相关者压力与企业绿色创新 [J]. 科研管理，2023(12): 71-81.

[52] 金星晔、左从江、方明月、李涛、聂辉华. 企业数字化转型的测度难题：基于大语言模型的新方法与新发现 [J]. 经济研究，2024(03): 34-53.

[53] 孔高文、刘莎莎、孔东民. 机器人与就业——基于行业与地区异质性的探索性分析 [J]. 中国工业经济，2020(08): 80-98.

[54] 李思飞、李鑫、王赛、佟岩. 家族企业代际传承与数字化转型：激励还是抑制？[J]. 管理世界，2023(06): 171-191.

[55] 李雪松、党琳、赵宸宇. 数字化转型、融入全球创新网络与创新绩效 [J]. 中国工业经济，2022(10): 43-61.

[56] 刘昌阳、刘亚辉、尹玉刚. 上市公司产品竞争与分析师研究报告文本信息 [J]. 世界经济，2020(02): 122-146.

[57] 刘海建、陈传明. 企业组织资本、战略前瞻性与企业绩效：基于中国企业的实证研究 [J]. 管理世界，2007(05): 83-93.

[58] 刘海明、李明明. 货币政策对微观企业的经济效应再检验——基于贷款期限结构视角的研究 [J]. 经济研究，2020(02): 117-132.

[59] 刘淑春、闫津臣、张思雪、林汉川. 企业管理数字化变革能提升投入产出效率吗 [J]. 管理世界，2021(05): 170-190.

[60] 刘亚辉、牟爽、尹玉刚. 产品市场竞争风险被定价了吗？——来自中国 A 股市场的证据与解释 [J]. 经济学（季刊），2021(06): 2061-2082.

[61] 卢福财、王雨晨、徐远彬. 头部企业在数字化转型中的作用 [J]. 数量经济技术经济研究，2024(05): 92-112.

[62] 罗栋梁、罗健、苗连琦、刘春燕. 连锁股东持股背景下股东关系网络对企业数字化转型的影响研究 [J]. 会计研究，2024(01): 94-107.

[63] 马倩、杨德林、邹济、李浩. 虚拟孵化对创业企业数字化的使能机理：组织学习视角的案例研究 [J]. 管理世界，2024(04): 158-176.

[64] 马新啸、汤泰劼、郑国坚. 国有企业混合所有制改革与人力资本结构调整——基于高层次人才配置的视角 [J]. 财贸经济，2020(12): 101-116.

[65] 戚聿东、肖旭. 数字经济时代的企业管理变革 [J]. 管理世界，2020(06): 135-152.

[66] 任宏达、王琨. 产品市场竞争与信息披露质量——基于上市公司年报文本分析的新证据 [J]. 会计研究，2019(03): 32-39.

[67] 沈璐、向锐. 公平竞争审查制度能否促进企业异地并购 [J]. 财贸经济，2024(02): 72-86.

[68] 宋清、刘奕惠. 市场竞争程度、研发投入和中小科技企业创新产出——基于风险投资调节的条件过程分析 [J]. 中国软科学，2021(10). 182-192.

[69] 孙伟增、毛宁、兰峰、王立. 政策赋能、数字生态与企业数字化转型——基于国家大数据综合试验区的准自然实验 [J]. 中国工业经济，2023(09): 117-135.

[70] 王靖宇、张宏亮. 产品市场竞争与企业投资效率：一项准自然实验 [J]. 财经研究，2019(10): 125-137.

[71] 王明益、张中意. 进口贸易自由化与企业就业技能结构升级 [J]. 经济学动态，2022(04): 103-122.

[72] 王雄元、徐晶. 放松市场准入管制提高了企业投资效率

吗？——基于"市场准入负面清单"试点的准自然实验 [J]. 金融研究，2022(09): 169-187.

[73] 温日光、汪剑锋. 上市公司会因行业竞争压力上调公司盈余吗 [J]. 南开管理评论，2018(01): 182-190.

[74] 吴非、胡慧芷、林慧妍、任晓怡. 企业数字化转型与资本市场表现——来自股票流动性的经验证据 [J]. 管理世界，2021(07): 130-144.

[75] 吴昊旻、杨兴全、魏卉. 产品市场竞争与公司股票特质性风险——基于我国上市公司的经验证据 [J]. 经济研究，2012(06): 101-115.

[76] 吴育辉、张腾、秦利宾、鲍珩淼. 高管信息技术背景与企业数字化转型 [J]. 经济管理，2022(12): 138-157.

[77] 夏卓秀、邓路. 产品市场竞争与公司债券契约条款 [J]. 经济学报，2023(02): 28-61.

[78] 肖红军、沈洪涛、周艳坤. 客户企业数字化、供应商企业 ESG 表现与供应链可持续发展 [J]. 经济研究，2024(03): 54-73.

[79] 肖土盛、孙瑞琦、袁淳、孙健. 企业数字化转型、人力资本结构调整与劳动收入份额 [J]. 管理世界，2022(12): 220-237.

[80] 辛清泉、孔东民、郝颖. 公司透明度与股价波动性 [J]. 金融研究，2014(10): 193-206.

[81] 徐虹、林钟高、芮晨. 产品市场竞争、资产专用性与上市公司横向并购 [J]. 南开管理评论，2015(03): 48-59.

[82] 徐倩. 不确定性、股权激励与非效率投资 [J]. 会计研究，

2014(03): 41-48.

[83] 杨汝岱、李艳、孟珊珊. 企业数字化发展、全要素生产率与产业链溢出效应 [J]. 经济研究，2023(11): 44-61.

[84] 伊志宏、姜付秀、秦义虎. 产品市场竞争、公司治理与信息披露质量 [J]. 管理世界，2010(01): 133-141.

[85] 于淼、刘铭基、赵旭. 企业数字化转型需要什么样的"领航员"：基于机器学习方法的考察 [J]. 中国软科学，2024(05): 173-187.

[86] 曾伟强、李延喜、张婷婷、马壮. 行业竞争是外部治理机制还是外部诱导因素——基于中国上市公司盈余管理的经验证据 [J]. 南开管理评论，2016(04): 75-86.

[87] 张传财、陈汉文. 产品市场竞争、产权性质与内部控制质量 [J]. 会计研究，2017(05): 75-82.

[88] 张军、闫雪凌、余沐乐、张雪原. 工业机器人应用与劳动关系：基于司法诉讼的实证研究 [J]. 管理世界，2023: 90-112.

[89] 张文文、景维民. 数字经济监管与企业数字化转型——基于收益和成本的权衡分析 [J]. 数量经济技术经济研究，2024(01): 5-24.

[90] 赵宸宇、王文春、李雪松. 数字化转型如何影响企业全要素生产率 [J]. 财贸经济，2021(07): 114-129.

[91] 甄红线、王玺、方红星. 知识产权行政保护与企业数字化转型 [J]. 经济研究，2023(11): 62-79.

第四章

# 股权集中度与企业数字化

## 🖐 第一节　股权集中度与企业数字化的重要性

　　随着新一代数字技术的飞速进步，数字经济在国民经济中占据着日益重要的地位。《"十四五"数字经济发展规划》的发布，标志着中国数字经济发展有了明确的建设目标、重点任务和措施保障。党的二十大报告强调，要加快发展数字经济，促进数字经济和实体经济深度融合。2024 年政府工作报告指出，要深入推进数字经济创新发展，制定支持数字经济高质量发展政策。因此，数字经济已经成为经济高质量发展的重要引擎和强有力支撑（陈晓红等，2022）。

　　数字经济发展的重要作用点和微观载体在于企业数字化（吴非等，2021；史宇鹏等，2021）。然而，企业数字化的实践尚处于起步阶段，面临着不少困难与挑战（刘淑春等，2021）。因战略落后、基础薄弱等原因，部分企业正经历着数字化的"阵痛期"。尽管从理论角度来看，企业数字化是大势所趋，具有必要性和紧迫性，但从实践角度来看，企业数字化的动力不强、效果不佳。理论和实践的相对割裂呼唤更好指导企业数字化实践的理论研究。

企业是否以及多大程度上实施数字化，源自企业管理层自上而下的决策（Dery，2017；张延林等，2020；毛聚等，2022）。因此，作为公司内部制度框架核心的公司治理结构，会对企业数字化的决策与执行产生显著影响。其中，股权集中度是股权在各股东之间的离散程度，反映了大股东对公司的控制能力（刘银国等，2010），是企业的根本制度安排和重要治理机制（陈林等，2019），也是影响企业数字化的重要因素。股权集中度与企业生产经营结果和行为决策之间的关系，是公司金融领域的经典话题。在适度股权集中度的条件下，股权集中度有利于增强控股股东对管理层的监督，缓解第一类委托代理问题，有利于公司业绩的提升和发展（贺炎林等，2014；王化成等，2015；于文领等，2020）。然而，在过高的股权集中度治理环境下，控股股东的权利则会过分膨胀，容易诱使控股股东通过转移资产、关联交易等手段，以谋取私利和实施侵占其他股东利益的"掏空"行为。此时，股权集中度会损害公司利益，也会增加股价同步性（Gul et al.，2010），不利于公司长远发展。因此，在中国上市公司股权集中度普遍偏高的现实背景之下（张路等，2015），股权集中度必然也会影响控股股东对公司资源的配置，进而影响企业数字化。

然而，对于公司治理与企业数字化问题，已有文献还没有形成系统性的研究。特别是对于股权集中度对企业数字化的影响，鲜有文献关注到这一重要问题。基于此，本章以2011—2022年中国A股上市公司作为样本，对公司治理中的股权集中度如何影响企业数字化进行了理论分析与实证检验。主要的研究发现有以下三点。首先，股权集中度对企业数字化具有显著的负向影响，换言之，股权集中度抑制了企业数字化。一系列稳健性检验均表明这一研究发现是稳健的。其次，机制分析表明，股权集中度的增加，通过加剧融资约束和减少研发投入，进而抑制了企业数字化。最后，异质性分析发现，对于地方政府数据未开放地区中的企业、市场关注度较高的企业、劳动密集度较高的企业而言，股权集中度抑制企业数字化的幅度是更为明显的。

本章的贡献主要体现在以下三个方面。

第一，本章补充了有关企业数字化动因的理论研究。关于企业数字化的驱动因素问题，现有研究多局限于描述现象和过程的理论分析，仅有的实证研究主要从宏观层面的政府补助（余典范等，2022）、财政科技支出（吴非等，2021）、金融供给（唐松等，2022），以及微观层面的企业家社会网络（宋晶和陈劲，2022）、异质性投资者（李华民等，2021）等视角展开分析，而对企业内部的驱动因素则缺乏关注。仅有的少数关注企业数字化内部驱动因素的文献，也仅围绕高管人口统计学特征（张昆贤和陈晓蓉，2021）、高管团队异质性（宋敬等，2022）、首席执行官（CEO）复合职业背景（Firk et al.，2021；毛聚等，2022）等高管特征视角进行讨论，鲜有对于公司治理层面的内部驱动因素的关注。本章则从企业内部驱动因素的角度出发，探究了公司治理中股权集中度因素对企业数字化的影响，从而对企业数字化的内部驱动因素进行了新的理论解释，对企业数字化驱动因素的相关文献形成了有益补充。

第二，本章加深了对股权集中度经济后果的理论认识。尽管已有较多文献围绕股权集中度的经济后果展开讨论，但现有研究多集中于探讨股权集中度对企业财务绩效（陈德萍和陈永圣，2011；贺炎林等，2014；刘汉民等，2018）和市场业绩（Gul et al.，2010；王化成等，2015；谭松涛等，2019；Larrain et al.，2024）的影响，且尚未得到一致结论。少数关注股权集中度对企业战略决策的文献，也仅关注了股权集中对企业创新（李文贵和余明桂，2015；杨建君等，2015；陈林等，2019；Nguyen et al.，2022）、捐赠（江新峰和李四海，2019）等行为决策的影响，缺乏对股权集中度如何影响企业数字化的关注。因此，本章分析了股权集中度对企业数字化这一数字经济背景下企业战略新选择的影响，拓展了股权集中度在企业层面经济后果的相关文献，从而加深了对于股权集中度经济后果的认识与理解。

第三，本章为股权集中度如何影响企业数字化提供了新的实证证据。本章基于上市公司的微观数据，对于股权集中度影响企业数字化的作用，进行了全面、系统的实证分析，并从加剧融资约束、削减研发投入两个方面，验证了股权集中度抑制企业数字化的作用机制，分析了这一作用在不同地方政府数据开放程度、不同市场关注、不同劳动密集度的企业中的作用异质性，从而为企业更好地开展数字化实践，以及为政府更有效地促进企业的数字化进程，更好地指导企业数字化策略的制定，提供了新的决策依据和经验证据支撑。

## 第二节　股权集中度对企业数字化的影响

从企业数字化的内部驱动因素来看，不同于理论研究对企业内部关键要素的高度关注，实证研究对内部驱动因素的分析较为少见。

从促进因素来看，现有研究从企业与外部组织的关系及企业高管两方面进行了探索。一方面，企业数字化的基本目标是利用数字技术改善业务流程、提高经营效率，因而反映企业与外部组织关系的供应链是重要的考虑因素，供应链金融能够帮助企业释放积极信号、缓解企业融资约束和提升企业效率，进而提升数字化绩效（张黎娜等，2021），因此企业自身的供应链金融发展水平成为企业数字化的显著驱动因素。另一方面，企业高管行为也会对数字化的程度和结果产生影响。在高管决策逻辑方面，无论是从战略目标到实施数字化的从因到果的决策逻辑，还是从实施行动到数字化结果的从效果到行动的决策逻辑，均能通过失败学习的机制，提升企业的数字化绩效（卢艳秋等，2021）。与此同时，决策者的数字化注意力能够正向调节企业为迎合行业非正式规范而进行的作用，提升企业数字化的可能性（陈玉娇等，2022），因此高管决策成为企业数字化的重要驱动因素。同时，适度的企业家社会网络规模也会显著促进数字化（宋晶和陈劲，2022）。

从阻碍因素来看，高管短视行为和企业金融化会对数字化产生不利影响。管理者出于职业生涯禀赋和计划与执行认知偏差的短视行为，使其无法聚焦数字化带来的长期福利，显著阻碍了数字化进程（王新光，2022）。而企业金融化既挤出了生产资源，干扰正常生产经营活动，又侵蚀了财务资源，扭曲企业的财务行为，因而将对需要长期、持续投资的数字化项目产生影响，不利于企业数字化水平的提升（黄大禹等，2022）。此外，亦有研究发现部分因素对企业数字化存在方向不确定的影响。例如，一方面压力抵抗型的机构投资者能够引导企业信息披露、帮助企业获取外部金融资源、促进企业创新，进而推进数字化进程，另一方面压力敏感型的机构投资者缺乏改善企业信息披露和财务状况的动机，也因短视化倾向抑制企业创新（Bushee，1998），阻碍了数字化，因而不同特征的机构投资者将对企业数字化产生异质性影响（李华民等，2021）。

然而，现有文献忽视了公司治理对企业数字化的影响。企业是否以及多大程度上进行数字化，源自企业管理层自上而下的决策（Dery，2017；张延林等，2020；毛聚等，2022）。因此，公司治理结构作为公司内部制度框架的核心，能够影响企业的代理成本、风险偏好等方面，进而影响企业的经营绩效和战略决策与执行（贺炎林等，2014；周建等，2017），企业的公司治理特征成为决定成败的关键要素。

股权集中度是公司股权结构离散程度的衡量指标，一定程度上可以代表控股股东控制权的大小。股权集中度可以通过决定企业资源的配置影响企业数字化。一方面，股权越集中，企业内部越难以形成有效的制衡机制（邱洋冬，2024），控股股东越倾向于通过资源转移、资金占用、关联交易等手段谋取私人利益，因而其会基于自身风险偏好进行资源配置（Wu et al.，2011），导致控股股东和管理层短视并做出非效率投资（罗正英等，2014），错失企业数字化的投资机会。另一方面，股权集中度高的公司，控股股东的投资单一，无法充分分散投资风险，因而具有风险规避倾向更倾向于财务控制来获取短期控制权收益，而规避前期投入高、周期长和结果不确定的企业数字化（杨建君等，2015），从而削弱了企业数字化的动力。此外，数字化需要大量投入，从而限制了资产的流动性，从而增加了控股股东的资金贬值风险（李健等，2016），因而控股股东将削弱对于企业数字化的资金投入。因此，随着股权集中度的提高，控股股东的"侵占动机""规避风险""避免贬值"三种效应，均会对企业数字化产生不利影响。可以预见，股权集中度将抑制企业数字化。

## 第三节　股权集中度影响企业数字化的具体机制

从具体的作用机制来看，股权集中度从加剧融资约束、削减研发投入两个渠道，影响企业数字化水平。

首先，股权集中度导致融资约束的加剧，进而抑制企业数字化。随着股权集中度的提高，控股股东不仅更有动机通过侵害中小股东而谋取私利，也更有可能通过公司间贷款等"隧道行为"，对债权人做出侵害（Jiang et al.，2010），从而增加债务融资成本和股权融资成本（Aslan and Kumar，2012）。此外，较高的股权集中度也会恶化企业内部控制质量，降低信息透明度和市场关注度，进而增加股权融资成本（胡玲和张志宏，2016；张斐燕等，2022），加剧企业的融资约束。融资约束的加剧，将对企业数字化水平产生不利影响。企业数字化是一个漫长的系统性工程和动态演变过程，需要高强度的数字基础设施、技术应用、软硬件维护、数字化专业团队建设等投入，因而面临长周期、大数额、高成本的资金需求（Grover and Kohli，2013；李思飞等，2023）。当企业面临较高的融资约束时，难以有充足的资金投入数字化过程中，阻碍了企业数字化的进程。因此，加剧融资约束是股权集中度抑制企业数字化的可能机制。

其次，股权集中度导致研发投入的减少，进而抑制企业数字化。随着股权集中度的提高，控股股东更倾向于从个人利益的角度做出决策，由于较高的股权集中度导致控股股东的投资单一，无法有效分散风险，因而控股股东将规避具有不确定性的创新行为（杨建君等，2015）。此时，管理层也将关注短期利益，缺乏创新动机（陈林等，2019；Nguyen et al.，2022），导致研发投入不足。研发投入不足是阻碍企业数字化水平提升的重要因素。研发投入时获得技术创新的重要前提，而技术创新则是企业数字化顺利推进的基础。企业数字化的实施，需要应用各类技术创新，特别是应用人工智能、大数据等数字技术创新，从而为预测行业变化、调整商业策略等生产经营活动提供技术支持（甄红线等，2023；张仁杰，2024）。若企业的研发投入不足，则无法为数字化的开展提供技术基础，进而抑制企业数字化。因此，削减研发投入是股权集中度抑制企业数字化的可能机制。

## 🔵 第四节　股权集中度影响企业数字化的实证研究
设计

### 一、样本和数据说明

本章所采用的企业数字化、公司基本信息、财务指标等
数据来源于希施玛数据库（CSMAR）。由于企业数字化指数
的起始年份为 2011 年，因此本章选取中国 A 股上市公司样
本的时间范围为 2011—2022 年。关于企业所属行业，本章
以中国证监会 2012 年修订的《上市公司行业分类指引》为
标准进行识别，其中，由于制造业上市公司众多，因此采用
字母加两位数字行业进行划分，其他行业采用字母所属的行
业大类进行划分。

考虑数据可得性和完整性，本章对样本进行如下处理：
第一，剔除上市时长小于 1 年或存在数据缺失的公司；第二，
剔除金融行业上市公司；第三，剔除 ST、*ST、PT 处理及
终止上市的企业。最终，本章得到 31486 个企业—年度观测
值的样本。另外，本章对所有连续变量进行了 1% 和 99% 分
位的缩尾处理。

### 二、变量选取

1.企业数字化。与第三章相同，本章以 CSMAR 数据

库中的企业数字化指数（*dig*）作为基准回归部分的核心解释变量，并参考吴非等（2021）的做法，通过年报词频分析的方法获取企业数字化相关词频，进行稳健性分析。

2.股权集中度。本章的解释变量为股权集中度（*topone*）。采用第一大股东持股比例进行表示。此外，本章进一步前三大股东持股比例（*topthree*）和前五大股东持股比例（*topfive*）对于模型进行稳健性检验。

3.控制变量。参考已有的研究成果（李思飞等，2023；蔡洪波等，2023；甄红线等，2024），本章在基准模型中加入一系列企业层面可能影响其数字化水平的控制变量，企业特征方面的变量有产权性质（*soe*）、公司成立年限（*age*），企业治理方面的控制变量有两职合一（*dual*），企业经营情况相关的变量有公司规模（*assets*）、无形资产比例（*itang*）、资产负债率（*leverage*）、现金流（*cashflow*）、营业总收入增长率（*growth*）、总资产净利润率（*roa*）。具体的变量说明如表 4.1 所示。

表 4.1　变量说明

| 变量类型 | 变量符号 | 变量名称 | 变量定义 |
| --- | --- | --- | --- |
| 被解释变量 | *dig* | 企业数字化 | 企业数字化指数的自然对数 |
| 核心解释变量 | *topone* | 股权集中度 | 公司第一大股东持股比率 |

| 变量类型 | 变量符号 | 变量名称 | 变量定义 |
|---|---|---|---|
| 控制变量 | *soe* | 产权性质 | 虚拟变量，公司为国企取 1，否则取 0 |
| | *age* | 公司成立年限 | 公司成立年限的自然对数 |
| | *dual* | 两职合一 | 虚拟变量，公司 CEO 与董事长由同一人担任时取 1，否则取 0 |
| | *assets* | 公司规模 | 公司年末总资产的自然对数 |
| | *itang* | 无形资产比例 | 公司年末无形资产净额 / 年末总资产 |
| | *leverage* | 资产负债率 | 公司年末总负债 / 年末总资产 |
| | *cashflow* | 现金流 | 公司经营活动产生现金流量净额 / 年末总资产 |
| | *growth* | 营业总收入增长率 | 公司当年营业总收入 / 公司上一年营业总收入 |
| | *roa* | 总资产净利润率 | 公司当年净利润 / 公司年末总资产余额 |

### 三、描述性统计

本章所涉及的变量的描述性统计如表 4.2 所示。样本中，企业数字化指数经过对数化处理后均值为 3.561，标准误为 0.240，股权集中度均值为 0.344，标准误为 0.149。从控制变量的结果来看，公司基本特征、业绩因素以及治理因素的描述性统计均处于合理范围。

表4.2　变量描述性统计

| 变量 | 观测值 | 均值 | 标准误 | 最小值 | 最大值 |
|---|---|---|---|---|---|
| *dig* | 31486 | 3.561 | 0.240 | 3.193 | 4.153 |
| *topone* | 31486 | 0.344 | 0.149 | 0.088 | 0.751 |
| *soe* | 31486 | 0.341 | 0.474 | 0.000 | 1.000 |
| *age* | 31486 | 2.978 | 0.309 | 2.079 | 3.555 |
| *dual* | 31486 | 0.288 | 0.453 | 0.000 | 1.000 |
| *assets* | 31486 | 22.230 | 1.315 | 19.750 | 26.220 |
| *itang* | 31486 | 0.046 | 0.054 | 0.000 | 0.353 |
| *leverage* | 31486 | 0.430 | 0.212 | 0.054 | 0.941 |
| *cashflow* | 31486 | 0.224 | 0.395 | −0.650 | 2.027 |
| *growth* | 31486 | 0.174 | 0.445 | −0.608 | 2.910 |
| *roa* | 31486 | 0.036 | 0.067 | −0.291 | 0.206 |

## 四、计量模型

为考察股权集中度对于企业数字化的影响，本章在基准回归部分构建企业与时间的双向固定效应模型如模型（4-1）所示。其中，$dig_{it}$ 为 $i$ 企业在 $t$ 年的数字化水平，$topone_{it}$ 为 $i$ 企业在 $t$ 年的股权集中度，系数 $\beta_1$ 为本章关注的重点，当 $\beta_1$ 显著为正时，表明股权集中度对于企业数字化存在显著的正向影响，反之则为负向影响。此外，$X$ 表示企业层面影响数字化水平的一系列控制变量，$\mu_i$ 表示企业固定效应，用以控制企业层面不随时间变化的特征，$p_t$ 表示年份固定效应，用以控制时间层面的宏观影响，$\varepsilon_{it}$ 表示残差项。

$$dig_{it}=\beta_0+\beta_1 topone_{it}+\beta_2 X+\mu_i+p_t+\varepsilon_{it} \qquad （4-1）$$

## 第五节 股权集中度影响企业数字化的实证分析

### 一、基准回归

在基准回归部分，本章对于模型（4-1）进行估计，探究股权集中度对于企业数字化程度的影响，估计结果如表4.3的第（1）~（4）列所示。第（1）列未加入企业和年份固定效应，核心解释变量*topone*的估计系数为-0.404，且在1%的水平上显著。第（2）、（3）列逐步加入企业固定效应与年份固定效应，回归系数依然在1%的水平上显著为负，这一结果初步表明，更高的股权集中度会显著抑制企业数字化水平。第（4）列汇报了在同时控制企业与年份固定效应的基础上进一步加入一系列控制变量后的回归结果，股权集中度（*topone*）的回归系数为-0.099，该回归系数在1%的水平上依然显著为负，这表明股权集中程度对于业内企业的数字化水平产生显著的负向影响。

综上所述，本章研究假设H1得到验证。

表4.3 基准回归：股权集中度对于企业数字化的影响

| | （1） | （2） | （3） | （4） |
|---|---|---|---|---|
| | *dig* | *dig* | *dig* | *dig* |
| *topone* | -0.404*** | -0.465*** | -0.094*** | -0.099*** |
| | （0.023） | （0.028） | （0.021） | （0.021） |
| *soe* | | | | -0.008 |
| | | | | （0.008） |

续表

| | （1） | （2） | （3） | （4） |
|---|---|---|---|---|
| | *dig* | *dig* | *dig* | *dig* |
| *age* | | | | −0.029 |
| | | | | （0.029） |
| *dual* | | | | −0.001 |
| | | | | （0.003） |
| *assets* | | | | 0.041*** |
| | | | | （0.003） |
| *itang* | | | | −0.078* |
| | | | | （0.043） |
| *leverage* | | | | −0.015 |
| | | | | （0.011） |
| *cashflow* | | | | −0.001 |
| | | | | （0.003） |
| *growth* | | | | −0.003 |
| | | | | （0.002） |
| *roa* | | | | −0.043** |
| | | | | （0.017） |
| 常数项 | 3.693*** | 3.721*** | 3.593*** | 2.795*** |
| | （0.009） | （0.010） | （0.007） | （0.109） |
| 企业固定效应 | 否 | 是 | 是 | 是 |
| 年份固定效应 | 否 | 否 | 是 | 是 |
| $R^2$/Adj-$R^2$ | 0.013 | 0.736 | 0.822 | 0.827 |
| 观测值 | 31486 | 31486 | 31486 | 31486 |

注：括号内是企业层面的稳健标准误；*** 代表 $p<0.01$，** 代表 $p<0.05$，* 代表 $p<0.1$。下同。

## 二、稳健性检验

为使得本章基准回归的结果更加稳健，本章进行了如下操作。

第一，更换自变量测度方式。表4.4第（1）~（3）列分别汇报了使用前三大股东持股比例（*topthree*）、前五大股东持股比例（*topfive*）的回归结果，二者的回归系数均显著为负，这一系列稳健性检验均支持基准回归的结果。

第二，更换因变量测度方式。参考吴非等（2021）的做法，本章使用上市公司年报中涉及"企业数字化"的词频作为企业数字化水平的代理变量，表4.4第（4）列汇报了这一结果，股权集中度的回归系数依然显著为负，表明基准回归的结论是稳健的。

### 表4.4　稳健性检验

|  | （1）<br>替换自变量测度方式 | （2）<br>替换自变量测度方式 | （3）<br>替换因变量测度方式 |
| --- | --- | --- | --- |
|  | *dig* | *dig* | *dig* |
| *topthree* | −0.060*** | | |
|  | （0.019） | | |
| *topfive* | | −0.045** | |
|  | | （0.018） | |
| *topone* | | | −0.529*** |
|  | | | （0.115） |
| *soe* | −0.007 | −0.007 | −0.022 |

续表

| | （1） | （2） | （3） |
|---|---|---|---|
| | 替换自变量测度方式 | 替换自变量测度方式 | 替换因变量测度方式 |
| | *dig* | *dig* | *dig* |
| | （0.008） | （0.008） | （0.045） |
| *age* | −0.030 | −0.027 | −0.108 |
| | （0.029） | （0.030） | （0.164） |
| *dual* | −0.001 | −0.001 | 0.010 |
| | （0.003） | （0.003） | （0.019） |
| *assets* | 0.041*** | 0.041*** | 0.218*** |
| | （0.003） | （0.003） | （0.018） |
| *itang* | −0.080* | −0.080* | −0.155 |
| | （0.043） | （0.043） | （0.226） |
| *leverage* | −0.019* | −0.020* | −0.090 |
| | （0.011） | （0.011） | （0.067） |
| *cashflow* | −0.001 | −0.001 | −0.033* |
| | （0.003） | （0.003） | （0.018） |
| *growth* | −0.003* | −0.003* | 0.005 |
| | （0.002） | （0.002） | （0.011） |
| *roa* | −0.047*** | −0.049*** | −0.112 |
| | （0.017） | （0.017） | （0.108） |
| 常数项 | 2.779*** | 2.764*** | −3.298*** |
| | （0.110） | （0.111） | （0.572） |
| 企业固定效应 | 是 | 是 | 是 |
| 年份固定效应 | 是 | 是 | 是 |
| Adj-$R^2$ | 0.826 | 0.826 | 0.679 |
| 观测值 | 31486 | 31486 | 31486 |

## 第六节　股权集中度影响企业数字化的进一步分析

### 一、机制分析

本章参考江艇（2022）对因果推断研究中中介效应的反思和建议，以及前沿文献中的普遍做法，选择与被解释变量（企业数字化）因果关系清晰的变量作为机制变量，重点开展核心解释变量（股权集中度）与机制变量之间的因果机制论证。

基于前文企业数字化相关的理论分析，结合现有文献中对于企业数字化影响因素的研究，本章从融资机制和研发机制两个维度展开分析。

1. 融资机制。第一大股东持股比例越高，公司的融资约束可能越高。首先，高持股比例意味着控股股东对公司的控制力增强，倾向于保守决策，避免稀释控制权，限制了公司通过发行新股等方式进行外部融资。其次，外部投资者可能因控股股东的控制力过强而对公司治理结构缺乏信心，减少投资意愿。此外，高持股比例可能导致信息不对称，外部投资者担心控股股东利用信息优势进行自利行为，增加投资风险。最后，债权人也可能认为公司决策过于集中，缺乏多元监督，从而提高贷款利率或设置更严格的贷款条件。本章以 $fc$ 指数和 $sa$ 指数作为公司融资约束的代理变量，检验股权集中度对于企业融资效率的影响。回归结果表明，股权集中度（*topone*）的回归系数显著为正，即随着第一大股东持股比例的提升，公司的融资约束不断提高。对于公司而言，更高的融资约束对于企业数字化产生严重的制约，从而可能抑制企业数字化。

2.研发机制。第一大股东持股比例越高，公司的研发资源可能越少。控股股东通常希望通过公司短期内的良好业绩获得更多回报，因此更倾向于将资源投入能够迅速见效的项目，而非长周期且回报不确定的研发活动。同时，高持股比例的控股股东对公司决策有较大影响力，可能会优先分配资源到与自身利益更直接相关的领域，而非公共性的研发项目，导致研发投入不足。此外，高持股比例可能导致公司治理结构中外部监督力度不足，董事会和管理层在研发决策上缺乏多样性和创新性，管理层可能不会将研发视为优先事项。这些因素可能共同导致公司的研发资源减少。本章以研发人员比重和研发支出比重作为公司研发资源的代理变量。回归发现，股权集中度的回归系数均在5%的水平显著为负，即随着第一大股东持股比例的上升，公司的研发资源减少。对于公司而言，更少的研发资源将抑制公司的一系列研发创新等活动，从而使得企业数字化程度降低。见表4.5。

### 表 4.5　机制分析：融资机制与研发机制

|  | （1） | （2） | （3） | （4） |
|---|---|---|---|---|
|  | 融资机制 | | 研发机制 | |
|  | *fc* | *sa* | *rd_people* | *rd_pro* |
| *topone* | 0.113*** | 0.038* | −0.028** | −0.011** |
|  | （0.019） | （0.021） | （0.014） | （0.005） |
| *soe* | −0.004 | −0.017** | −0.005 | 0.001 |
|  | （0.008） | （0.008） | （0.003） | （0.002） |
| *age* | −0.179*** | −0.167*** | −0.002 | −0.015** |
|  | （0.027） | （0.026） | （0.021） | （0.006） |
| *dual* | 0.006* | 0.008*** | −0.001 | 0.001 |
|  | （0.003） | （0.002） | （0.002） | （0.001） |
| *assets* | −0.147*** | −0.010** | 0.003 | 0.000 |
|  | （0.004） | （0.005） | （0.003） | （0.001） |
| *itang* | −0.103** | 0.074* | 0.001 | 0.015 |
|  | （0.046） | （0.041） | （0.036） | （0.012） |
| *leverage* | −0.435*** | −0.008 | −0.032*** | −0.022*** |
|  | （0.015） | （0.011） | （0.009） | （0.003） |
| *cashflow* | −0.017*** | 0.006*** | −0.004* | −0.004*** |
|  | （0.003） | （0.002） | （0.002） | （0.001） |
| *growth* | 0.001 | −0.007*** | 0.000 | −0.006*** |
|  | （0.002） | （0.001） | （0.001） | （0.001） |
| *roa* | 0.302*** | 0.015 | −0.021* | −0.076*** |
|  | （0.024） | （0.012） | （0.011） | （0.006） |
| 常数项 | 4.441*** | −3.118*** | 0.125* | 0.102*** |
|  | （0.114） | （0.109） | （0.076） | （0.027） |
| 企业固定效应 | 是 | 是 | 是 | 是 |
| 年份固定效应 | 是 | 是 | 是 | 是 |
| Adj-$R^2$ | 0.877 | 0.949 | 0.884 | 0.815 |
| 观测值 | 27355 | 31486 | 18745 | 24999 |

## 二、异质性分析

为进一步分析股权集中度对于企业数字化的异质性影响，本章围绕数字化发展环境、市场关注、劳动密集度三个维度的异质性展开分析。

1.数字化发展环境异质性。地方政府数据开放对于企业数字化有显著的帮助。首先，政府开放大量高质量数据，企业可以利用这些数据进行市场分析、用户行为研究和产品优化，从而提升运营效率和决策科学性。这种数据资源的丰富性使企业能够更准确地把握市场动态和客户需求。其次，地方政府提供的数据平台和技术支持，降低企业获取和处理数据的门槛，使中小企业也能参与数字化。此外，政府通常会伴随数据开放政策推出相关激励措施，鼓励企业进行数字化。政策激励不仅减轻了企业的经济负担，还增强了企业进行数字化的动力。同时，数据开放促进了数据共享和协同创新，形成了良好的数字生态环境。在这样的环境中，企业能够更容易地与其他组织合作，共享资源，实现共同发展。

为分析不同地方政府数据开放状态下，股权集中度对于企业数字化的影响，本章通过设置地方政府数据开放虚拟变量（*govinfo*）构建交乘项 *govinfo* × *topone* 加入模型（4-1）进行回归检验。回归结果如表 4.6 第（1）列所示，交乘项的回归系数显著为正，这表明，随着地方政府数据开放，第一大股东持股对于企业数字化的抑制作用可能更弱。

其可能的原因在于，在地方政府数据开放的城市，控股股东持股对企业数字化的负面影响得到缓解。地方政府的数据开放政策提供了丰富的数据资源和技术支持，降低了企业数字化的成本和难度。控股股东即使持股比例高，也无法完全忽视外部环境带来的数字化压力和机会。此外，开放的数据环境促进了市场竞争，激励企业在数字化中加快步伐，以保持竞争力。因此，政府数据开放政策在一定程度上弥补了控股股东持股集中可能带来的保守倾向，推动企业积极进行数字化。

2. 市场关注异质性。为考虑不同市场关注程度下，股权集中度对于企业数字化的影响，本章将样本按照市场关注程度进行划分，当研报关注度高于样本中位数时，对于虚拟变量 $report$ 赋值为 1，其他赋值为 0，将虚拟变量 $report$ 及其与股权集中度（$topone$）的交乘项加入模型（4-1）进行回归检验，结果如表 4.6 第（2）列所示，交乘项的回归系数为 -0.028，且显著为负，这表明，当市场关注度越高，股权集中度对于企业数字化的抑制作用越显著。

这一结果可能的原因在于，在市场关注度较高的企业中，外部投资者更加关注企业的业绩及其波动，投资者情绪对企业价值的影响也更为直接，导致企业价值波动增加，影响控股股东的利益。因此，控股股东规避风险的动机更加强烈，更不愿意做出收益不确定的企业数字化的决策，也更倾向于减少企业数字化的投入，从而导致股权集中度对企业数字化的抑制作用更加显著。

3. 劳动密集度异质性。为考虑不同劳动密集度的情况下，股权集中度对于企业数字化的影响，本章将样本按照劳动密集度程度进行划分，当劳动密集度高于样本中位数时，对于虚拟变量 *labinten* 赋值为 1，其他赋值为 0，将虚拟变量 *labinten* 及其与股权集中度（*topone*）的交乘项加入模型（4-1）进行回归检验，结果如表 4.6 第（3）列所示，交乘项的回归系数为-0.037，且显著为负，这表明，当劳动密集度越高，股权集中度对于企业数字化的抑制作用越显著。

这一结果可能的原因在于，劳动密集度高的企业因为依赖大量人力资源，劳动力成本占据了较大比重，相应地，资金和技术资源较为缺乏，因而劳动密集度高的企业，企业数字化的基础条件较差，开展企业数字化的风险也较大。在这一情况下，第一大股东更可能从自身利益出发，更倾向于削弱企业数字化投入，甚至阻碍企业数字化进程，以保证自己的短期利益不会受损。

表 4.6　异质性分析：数字化发展环境、市场关注、劳动密集度

| | （1） | （2） | （3） |
|---|---|---|---|
| | 数字化发展环境异质性 | 市场关注异质性 | 劳动密集度异质性 |
| | *dig* | *dig* | *dig* |
| *topone* | −0.107*** | −0.087*** | −0.082*** |
| | （0.021） | （0.023） | （0.023） |
| *govinfo* | 0.001 | | |
| | （0.007） | | |
| *govinfo×topone* | 0.030* | | |
| | （0.017） | | |
| *report* | | 0.016*** | |
| | | （0.006） | |
| *report×topone* | | −0.028* | |
| | | （0.015） | |
| *labinten* | | | 0.011 |
| | | | （0.007） |
| *labinten×topone* | | | −0.037* |
| | | | （0.020） |
| *soe* | −0.008 | −0.008 | −0.008 |
| | （0.008） | （0.008） | （0.008） |
| *age* | −0.029 | −0.026 | −0.030 |
| | （0.029） | （0.030） | （0.029） |
| *dual* | −0.001 | −0.001 | −0.000 |
| | （0.003） | （0.003） | （0.003） |
| *assets* | 0.040*** | 0.039*** | 0.040*** |
| | （0.003） | （0.004） | （0.003） |

续表

| | （1） | （2） | （3） |
|---|---|---|---|
| | 数字化发展环境异质性 | 市场关注异质性 | 劳动密集度异质性 |
| | *dig* | *dig* | *dig* |
| *itang* | −0.078* | −0.082* | −0.077* |
| | （0.043） | （0.045） | （0.043） |
| *leverage* | −0.015 | −0.012 | −0.015 |
| | （0.011） | （0.012） | （0.011） |
| *cashflow* | −0.001 | −0.001 | −0.001 |
| | （0.003） | （0.003） | （0.003） |
| *growth* | −0.002 | −0.003 | −0.003 |
| | （0.002） | （0.002） | （0.002） |
| *roa* | −0.043*** | −0.050*** | −0.043** |
| | （0.017） | （0.017） | （0.017） |
| 常数项 | 2.798*** | 2.819*** | 2.798*** |
| | （0.110） | （0.116） | （0.110） |
| 企业固定效应 | 是 | 是 | 是 |
| 年份固定效应 | 是 | 是 | 是 |
| Adj-$R^2$ | 0.827 | 0.829 | 0.827 |
| 观测值 | 31486 | 31486 | 31486 |

## 第七节  结论与启示

加快推进企业数字化是实现数字经济高质量发展的重要

途径。企业数字化源自企业管理层自上而下的决策，因此探究公司治理中的股权集中度对企业数字化的影响，具有重要的理论和实践意义。基于此，本章将 2011—2022 年中国 A 股上市公司作为研究对象，实证分析了股权集中度对企业数字化的影响，并进一步探讨了这一作用的机制和异质性。主要的研究结论如下。首先，股权集中度显著抑制了企业数字化，一系列稳健性检验均表明该结论稳健。机制分析表明，股权集中度能够加剧融资约束、削减研发投入，进而抑制企业数字化。异质性分析发现，股权集中度抑制企业数字化的作用，在地方政府数据未开放地区中的企业、市场关注度较高的企业、劳动密集度较高的企业中更为显著。

本章的结论在理论和实践上有着重要的启示意义。从理论上来看，首先，本章补充了有关企业数字化动因的理论研究，从公司治理层面的股权集中度角度，探讨股权集中度对企业数字化的影响，从而对企业数字化的内部驱动因素形成了有益补充。其次，本章对股权集中度影响企业数字化的作用机制和异质性进行了深入探讨与分析，从而加深了已有研究对于公司治理因素影响企业数字化的理论认识，进一步厘清了二者的关系，在一定程度上弥补了理论与实践之间的鸿沟。

从实践上来看，本章为企业数字化的实施策略、政府政策的制定等重要实践问题提供了一定的决策参考。对于企业而言，应合理设置企业的公司治理结构，着力提升企业的公司治理水平，保持较为分散的股权程度，以最大程度促进企业数字化。对于政府而言，要加强资本市场监管，改善企业的公司治理水平，为企业数字化创造一个良好的政策环境，同时也要注重从融资约束和研发投入方面，疏通较低的股权集中度提升企业数字化的作用渠道，并对重点关注地方政府数据未开放地区中的企业、市场关注度较高的企业、劳动密集度较高的企业予以政策支持，以更好地防范过高的股权集中度对企业数字化的抑制作用。

# 本章参考文献

[1] Aslan, H., Kumar, P. (2012). Strategic ownership structure and the cost of debt. *Review of Financial Studies*, 25(7), 2257−2299.

[2] Bushee, B. J. (1998). The influence of institutional investors on myopic R&D investment behavior. *Accounting Review*, 73(3), 305−333.

[3] Dery, K., Sebastian, I. M., Meulen, N. V. D. (2017). The digital workplace is key to digital innovation. *MIS Quarterly Executive*, 16(2), 135−152.

[4] Firk, S., Hanelt, A., Oehmichen, J., et al. (2021). Chief digital officers: An analysis of the presence of a centralized digital transformation role. *Journal of Management Studies*, 58(7), 1800−1831.

[5] Grover, V., Kohli, R. (2013). Revealing your hand: Caveats in implementing digital business strategy. *MIS Quarterly*, 37(2), 655−662.

[6] Gul, F. A., Kim, J., Qiu, A. A. (2010). Ownership concentration, foreign shareholding, audit quality, and stock price synchronicity: Evidence from China. *Journal of Financial Economics*, 95(3), 425−442.

[7] Jiang, G., Lee, C. M .C., Yue, H. (2010). Tunneling through intercorporate loans: The China experience. *Journal of Financial Economics*, 98(1), 1−20.

[8] Larrain, B., Roosenboom, P., Sertsios, G., et al. (2024). Ownership concentration and firm value: New evidence from owner stakes in IPOs. *Management Science*, 70(7), 4441-4464.

[9] Nguyen, D. N., Tran, Q., Truong, Q. (2022). The ownership concentration-innovation nexus: Evidence From SMEs around the world. *Emerging Markets Finance and Trade*, 58(5), 1288-1307.

[10] Wu, J., Xu, D., Phan, P. H. (2011). The effects of ownership concentration and corporate debt on corporate divestitures in Chinese listed firms. *Asia Pacific Journal of Management*, 28(1), 95-114.

[11] 蔡宏波、汤城建、韩金镕. 减税激励、供应链溢出与数字化转型 [J]. 经济研究，2023(07): 156-173.

[12] 陈德萍、陈永圣. 股权集中度、股权制衡度与公司绩效关系研究——2007-2009 年中小企业板块的实证检验 [J]. 会计研究，2011(01): 38-43.

[13] 陈林、万攀兵、许莹盈. 混合所有制企业的股权结构与创新行为——基于自然实验与断点回归的实证检验 [J]. 管理世界，2019(10): 186-205.

[14] 陈晓红、李杨扬、宋丽洁、汪阳洁. 数字经济理论体系与研究展望 [J]. 管理世界，2022(02): 208-224.

[15] 陈玉娇、宋铁波、黄键斌. 企业数字化转型："随行就市"还是"入乡随俗"？——基于制度理论和认知理论的决策过程研究 [J]. 科学学研究，2022(06): 1054-1062.

[16] 胡玲、张志宏. 股权集中度、产权性质与股权资本成本的实证 [J]. 统计与决策，2016(19): 162-165.

[17] 黄大禹、谢获宝、邹梦婷. 金融化抑制了企业数字化转型吗？——证据与机制解释 [J]. 现代财经（天津财经大学学报），2022(07): 57−73.

[18] 江艇. 因果推断经验研究中的中介效应与调节效应 [J]. 中国工业经济，2022(05): 100−120.

[19] 江新峰、李四海. 大股东持股与企业捐赠行为——基于代理理论的研究 [J]. 经济管理，2019(07): 154−170.

[20] 李华民、龙宏杰、吴非. 异质性机构投资者与企业数字化转型 [J]. 金融论坛，2021(11): 37−46.

[21] 李健、杨蓓蓓、潘镇. 政府补助、股权集中度与企业创新可持续性 [J]. 中国软科学，2016(06): 180−192.

[22] 李思飞、李鑫、王赛、佟岩. 家族企业代际传承与数字化转型：激励还是抑制？[J]. 管理世界，2023(06): 171−191.

[23] 李文贵、余明桂. 民营化企业的股权结构与企业创新 [J]. 管理世界，2015(04): 112−125.

[24] 刘汉民、齐宇、解晓晴. 股权和控制权配置：从对等到非对等的逻辑——基于央属混合所有制上市公司的实证研究 [J]. 经济研究，2018(05): 175−189.

[25] 刘银国、高莹、白文周. 股权结构与公司绩效相关性研究 [J]. 管理世界，2010(09): 177−179.

[26] 卢艳秋、赵彬、宋昶. 决策逻辑、失败学习与企业数字化转型绩效 [J]. 外国经济与管理，2021(09): 68−82.

[27] 罗正英、李益娟、常昀. 民营企业的股权结构对 R&D 投资行

为的传导效应研究 [J]. 中国软科学，2014(03): 167-176.

[28] 毛聚、李杰、张博文. CEO复合职能背景与企业数字化转型 [J]. 现代财经（天津财经大学学报），2022(09): 37-58.

[29] 邱洋冬. 影响企业数字化转型的关键因素研究——基于多维指标的贡献度分析 [J]. 西部论坛，2024(03): 74-94.

[30] 史宇鹏、王阳、张文韬. 我国企业数字化转型：现状、问题与展望 [J]. 经济学家，2021(12): 90-97.

[31] 宋晶、陈劲. 企业家社会网络对企业数字化建设的影响研究——战略柔性的调节作用 [J]. 科学学研究，2022(01): 103-112.

[32] 宋敬、张卓、叶涛. 高管团队异质性与数字商业模式创新——基于A股上市公司的经验分析 [J]. 技术经济，2022(05): 39-51.

[33] 谭松涛、黄俊凯、杜安然. 个人大股东持股与股价暴跌风险 [J]. 金融研究，2019(05): 152-169.

[34] 唐松、苏雪莎、赵丹妮. 金融科技与企业数字化转型——基于企业生命周期视角 [J]. 财经科学，2022(02): 17-32.

[35] 王化成、曹丰、叶康涛. 监督还是掏空：大股东持股比例与股价崩盘风险 [J]. 管理世界，2015(02): 45-57.

[36] 王新光. 管理者短视行为阻碍了企业数字化转型吗——基于文本分析和机器学习的经验证据 [J]. 现代经济探讨，2022(06): 103-113.

[37] 吴非、常曦、任晓怡. 政府驱动型创新：财政科技支出与企业数字化转型 [J]. 财政研究，2021(01): 102-115.

[38] 吴非、胡慧芷、林慧妍、任晓怡. 企业数字化转型与资本市场表现——来自股票流动性的经验证据 [J]. 管理世界，2021(07): 130-144.

[39] 杨建君、王婷、刘林波. 股权集中度与企业自主创新行为：基于行为动机视角 [J]. 管理科学，2015(02): 1-11.

[40] 余典范、王超、陈磊. 政府补助、产业链协同与企业数字化 [J]. 经济管理，2022(05): 63-82.

[41] 于文领、张力派、王静静. 股权集中度、股权制衡度与融资约束——来自 2013—2017 年中国房地产业 102 家上市公司的经验证据 [J]. 河北经贸大学学报，2020(03): 46-54.

[42] 张昆贤、陈晓蓉. 谁在推动数字化? ——一项基于高阶理论和烙印理论视角的经验研究 [J]. 经济与管理研究，2021(10): 68-87.

[43] 张黎娜、苏雪莎、袁磊. 供应链金融与企业数字化转型——异质性特征、渠道机制与非信任环境下的效应差异 [J]. 金融经济学研究，2021(06): 51-67.

[44] 张路、罗婷、岳衡. 超募资金投向、股权结构与现金股利政策 [J]. 金融研究，2015(11): 142-158.

[45] 张仁杰. 增值税留抵退税影响企业数字化转型的路径研究 [J]. 科研管理，2024(04): 138-146.

[46] 张延林、王丽、谢康、张德鹏. 信息技术和实体经济深度融合：中国情境的拼创机制 [J]. 中国工业经济，2020(11): 80-98.

[47] 甄红线、王玺、方红星. 知识产权行政保护与企业数字化转型 [J]. 经济研究，2023(11): 62-79.

# 第五章

# 企业数字化与资本市场业绩

## 📱 第一节　企业数字化与资本市场业绩的重要性

随着互联网、大数据、人工智能等技术的深度应用，在经历了农业经济、工业经济时代后，人类已经进入数字经济时代，经济高质量发展的重要引擎和强有力支撑就是数字经济（陈晓红等，2022）。企业是构成宏观经济的微观主体，因而企业数字化正成为数字经济发展的微观支撑点和重要载体（吴非等，2021；史宇鹏等，2021）。《"十四五"数字经济发展规划》提出要加快企业数字化升级，培育转型支撑服务生态。党的二十届三中全会强调，要健全促进实体经济和数字经济深度融合制度，加快产业模式和企业组织形态变革。

与企业数字化的必要性和紧迫性形成鲜明对比的是，企业的数字化实践困难重重。根据《2023 埃森哲中国企业数字化指数》，只有 2% 的中国企业开启了数字化的全面重塑战略。特别是在不确定性日益增加的宏观环境下，只有 1% 的企业从数字化"领军者"进化成为"重塑者"，设定面向未来的数字化目标。因此，企业数字化正经历着"阵痛期"（刘淑春等，2021）。企业数字化需要伴随大量的物质和人力资本投入，是一个漫长的系统性工程和动态演变过程（Loebbecke and Picot，2015；焦豪等，2021），具有前期投入高、转型周期长和结果不确定的特征（Matt et al.，2015）。因此，企业数字化并非总是为企业带来积极影响，对于企业数字化的效果究竟几何，如何更好发挥企业数字化的效果等问题，仍有待于进一步研究以提供参考。

企业数字化效果评价的重要方面就是资本市场业绩表现，研究企业数字化与资本市场业绩表现的关系，具有重要的理论和实践意义。资本市场业绩是企业经济活动的映射（金献坤等，2023），可以分为会计业绩与市场业绩，二者反映出的信息与发挥的作用并不完全相同。其中，会计业绩是体现企业经营与决策直接结果的客观指标，侧重于短期的历史业绩，优点是可得性强，缺点是易受管理层操纵。市场业绩则是包含了市场中全部信息的综合股价表现，不仅包括历史业绩信息，还包括市场对未来的业绩预测和投资者对企业价值的主观判断，其优点是不易受管理层操控，缺点是易受到资本市场中"噪声"的影响（陈孝勇和惠晓峰，2015）。企业数字化对会计业绩和市场业绩均会产生影响。一方面，企业数字化既会提升运营水平和生产效率，在提升营业收入的同时降低成本、控制费用，从而改善企业的赢利能力和会计业绩（何帆和刘红霞，2019；金星晔等，2024）。另一方面，企业数字化也能够向资本市场传递有利信号，在资本市场中形成积极反馈，从而对企业的市场业绩产生积极影响（吴非等，2021；Jardak and Hamad，2022）。因此，企业数字化预计将对资本市场业绩产生显著的提升作用。

　　然而，对于企业数字化对资本市场业绩的影响，已有文献尚未对这一影响的作用方向形成一致意见，也缺乏同时基于会计业绩和市场业绩两种业绩类型的研究视角。对于企业数字化影响资本市场业绩的作用机制，也仍有待于进一步厘清。鉴于此，本章以2011—2022年中国A股上市公司为样本，从会计业绩和市场业绩两种视角，对企业数字化过程中的资本市场业绩的变化规律进行了实证分析。主要的研究发现有以下三点。首先，企业数字化对企业的会计业绩和市场业绩有着显著的正向影响，一系列稳健性检验，以及内生性分析，均表明这一研究发现是稳健的。其次，机制分析表明，缓解融资约束、降低信息不对称、增加研发投入是企业数字化提升资本市场业绩的重要机制。最后，异质性分析表明，对于规模较大、行业竞争压力较小的企业而言，企业数字化促使资本市场业绩提升的幅度是更为明显的。

　　本章的贡献主要体现在以下三个方面。

　　第一，补充了有关企业数字化经济效益的理论研究。关于企业数字化的经济后果，已有文献主要从投入产出效率（刘淑春等，2021；赵宸宇等，2021；杨汝岱等，2023）、股票市场表现（吴非等，2021；胡海峰等，2022）、企业创新（李雪松等，2022；肖土盛等，2022；张国胜和杜鹏飞，2022）、经营管理（易靖韬和王悦昊，2021；袁淳等，2021；Copestake et al.，2024）等视角展开分析。本章则从资本市场业绩出发，分析企业数字化对于会计业绩和市场业绩的双重影响，回应了学术界和业界对企业数字化是否有效和作用如何的重大关切，从而对企业数字化的效果评价的相关文献形成了有益补充。

第二，加深了对于企业资本市场业绩影响因素的理论认识。已有的企业资本市场业绩影响因素的相关研究，要么围绕微观层面的经济增长、制度环境和市场竞争等因素（靳庆鲁等，2008；Ucbasaran et al.，2013；李林木等，2020）展开讨论；要么围绕微观企业层面的公司治理、高管特征、互联网使用等影响因素进行分析（郑志刚等，2014；杨德明和刘泳文，2018；Fabisik et al.，2021），较少关注到作为企业重要战略变革的企业数字化对资本市场业绩的影响。因此，本章从数字经济发展背景下的企业数字化角度出发，分析企业数字化对企业资本市场业绩表现的影响，从而加深了对资本市场业绩影响因素的认识与理解。

第三，本章为企业数字化如何影响企业的资本市场业绩表现，提供了系统、全面的实证证据。现有关于企业数字化与业绩的相关文献，大多仅着眼于会计业绩或市场业绩等单一的业绩指标（何帆和刘红霞，2019；金星晔等，2024；徐浩庆等，2024），鉴于企业资本市场业绩的多元化特征，使用单一业绩指标无法反映企业的整体情况，因而难以形成对企业数字化效果的全面评价。因此，本章基于上市公司的微观数据，探究企业数字化对会计业绩和市场业绩的双重影响，并从缓解融资约束、降低信息不对称、增加研发投入三个方面，验证了企业数字化提升资本市场业绩的具体机制，从而为更好发挥企业数字化的效果、更好指导企业数字化实践，提供了经验证据支撑和政策参考。

## 🎧 第二节　企业数字化对资本市场业绩的影响

基于企业数字化内涵的"变化观"，企业数字化是指企业在生产模式、业务流程、研发创新、组织架构和管理范式等层面，应用各类数字技术的有机组合，从而实现生产效率提升、商业模式创新、管理制度变革和价值创造路径重塑的动态过程（Hinings，2018；Verhoef et al.，2021），其本质上是一种组织和战略变革（Fischer et al.，2020；陈剑等，2020；戚聿东和肖旭，2020）。因此，企业数字化将对企业经营管理的各方面产生影响。

从企业内部来看，数字化提升了企业的运营水平（赵宸宇等，2021），降低了企业的外部交易成本（袁淳等，

2021），同时促进了企业创新产出与效率的增加（肖土盛等，2022），从而提升了企业的生产效率。从企业对外部的影响来看，数字化作为一种信号和资源，促进了企业对外短期负债融资（高雨辰等，2021）、改善了企业的社会责任表现（肖红军等，2021）。此外，从资本市场表现来看，企业数字化提升了企业的总资产增长率（倪克金和刘修岩，2021）、改善了公司治理（Frynas et al.，2018）、降低了企业风险（张永珅等，2021），从而进一步地提升了企业的股票流动性水平和股票收益率（吴非等，2021；胡海峰等，2022）。总之，已有研究多认为企业数字化对企业发展具有积极影响。在实践中，企业选择实施数字化战略的出发点就是提升生产经营效率，进而改善企业资本市场业绩。因此，资本市场业绩是企业数字化效果的重要反映。但是，目前企业数字化的成效并不显著，"阵痛期"的存在阻碍了企业数字化的进程，因此企业数字化究竟能否提升资本市场业绩成为学术界和业绩共同关注的热点议题。

已有研究对企业数字化影响资本市场业绩的作用机制仍存在分歧。从企业与外界的互动来看，数字化缓解了信息不对称与融资约束，从而提升了企业的市场业绩（黄大禹等，2021；Jardak and Hamad，2022）。从收入视角来看，数字化能够显著提升企业市场份额、营收增长率、利润率和总资产周转率（何帆和秦愿，2019；陶锋等，2023），从而提升了企业会计业绩。从成本视角来看，大部分研究认可数字化能够降低成本损耗，认为其具有降低期间费用率的作用，从而提升了企业会计业绩（何帆和刘红霞，2019；何帆和秦愿，2019；金星晔等，2024）。但也有部分研究认为，数字化加大了管理难度，增加了用工成本，增加了管理费用率，数字化对企业业绩没有显著的提升作用（戚聿东和蔡呈伟，2020；任碧云和郭猛，2021），因而数字化对企业成本的作用成为其影响资本市场业绩的分歧所在。因此，对于企业数字化究竟能否提升资本市场业绩，仍有待于进一步研究和检验。本章将从会计业绩和市场业绩的双重视角，系统全面阐述企业数字化对资本市场业绩的影响。

企业数字化作为一种价值创造体系的优化与重塑，将有利于企业会计业绩的提升。首先，企业数字化有利于提升收入。基于数据分析的生产经营决策，能够增强企业对市场需求的即时响应，满足消费者的多样化和个性化需求，实现产品差异化和精准营销（戚聿东和肖旭，2020）。此外，企业数字化还能够促进产品和技术创新（李雪松等，2022），提高产品的差异化程度。因此，企业数字化有助于企业实施差异化战略，提高企业赢利能力，创造更多的获利机会，进而实现价值创造方式的重构，提升企业会计业绩。其次，企业数字化有利于降低成本。企业数字化使企业实现基于数据分析的生产销售精细化管理，同时优化内部组织管理架构，有效缓解信息不对称，从而降低生产、运营和管理成本（刘淑春等，2021；赵宸宇等，2021），提升企业资源配置效率。尽管在企业数字化初期，需要大量设备和人才的投入，可能会使企业成本有所增加，但一般可以认为企业数字化带来的收入增加和成本节约大于投入（Wiesböck et al.，2020；Homburg and Wielgos，2022）。因此，企业数字化有助于企业实施成本领先战略（Xin and Choudhary，2019），进而增加利润，提升企业会计业绩。最后，企业数字化有利于应对风险。企业数字化通过敏捷柔性的生产模式、数据驱动决策、虚拟协作等方式，提高企业面临经营风险和市场波动时的适应速度、协同性和灵活性（Browder et al.，2024），从而减少危机时期的收入损失（胡海峰等，2022；Copestake et al.，2024），抵御不确定性对利润的侵蚀，最终提升企业会计业绩。因此，企业数字化有助于优化企业的价值创造路径，进而提升企业会计业绩。

与此同时，企业数字化也将对企业的市场业绩产生正向影响。基于信号理论，企业数字化能够向资本市场传递有利信号，在资本市场中形成积极反馈，改善资本市场表现（吴非等，2021）。具体而言，数字化能够提升企业的生产经营效率（赵宸宇等，2021）、增加企业的投资机会（谭志东等，2022），有利于企业成长（倪克金和刘修岩，2021）。数字化还缓解了企业的信息不对称与融资约束问题（黄大禹

等，2021），改善了公司治理问题（Frynas et al.，2018），
从而降低了企业的财务风险（吴非等，2021；张永珅等，
2021），增加市场对企业的评价。此外，企业数字化对创新
的积极作用也能提振投资者对企业未来增长的预期（肖土盛
等，2022）。而与仅反映企业过去信息和账面价值的会计业
绩相比，市场业绩既能够较好反映无形资产价值以及增长预
期（张叶青等，2021），又是基于股票市场整体水平的指标，
能充分全面地反映投资者对于企业的评价。因此，市场业绩
包含的信息更加丰富，不仅能够反映数字化对账面价值的
提升，还能充分反映出投资者对于数字化战略实施后企业发
展的积极预期。因此，企业数字化向资本市场传递了有利信
号，其价值能更加直接地传递到和体现在市场业绩当中，企
业数字化有助于提升企业的市场业绩。

## 第三节　企业数字化影响资本市场业绩的具体机制

从具体的作用机制来看，企业数字化从缓解融资约束、降
低信息不对称、增加研发投入三个渠道，提升资本市场业绩。

首先，企业数字化能够缓解融资约束，提升资本市场业
绩。从间接融资来看，企业数字化基于数据要素，结合大数
据分析技术，提升了企业信息的可得性和透明度，有效缓解
了信贷机构与企业之间的信息不对称（许林等，2023），不

仅使企业更容易获得融资，还降低了融资成本，缓解了"融资难、融资贵"问题。从直接融资来看，企业数字化符合国家发展战略，也向市场传递了企业经营的积极信号，从而吸引更多的投资者，进而缓解融资约束（Cui and Wang，2023）。缓解融资约束是资本市场业绩提升的重要途径。融资约束引致的企业负债能力提升，能够为企业实施更加激进的经营策略提供充足的资金保障，有利于企业抓住投资机会，从而促进了销售增长率的提升和资本市场业绩的改善（李科和徐龙炳，2011）。因此，缓解融资约束是企业数字化提升资本市场业绩的可能机制。

其次，企业数字化能够降低信息不对称，提升资本市场业绩。企业数字化，企业数字化通过运用人工智能、大数据等新一代数字技术，提高了企业的信息归集和处理能力（金献坤等，2023），改善了信息处理和传递的效率、可得性、可靠性，使管理层、员工、外部投资者和其他利益相关者均获得更加透明和详尽的信息（戚聿东和肖旭，2020）。从企业内部来看，信息不对称程度的降低，有利于改善公司治理，改善企业管理效率，进而提升企业会计业绩。从企业外部来看，降低信息不对称还可以让企业更好地向市场传递内部经营信息，增加投资者对企业及其管理者的了解，从而帮助其做出更加精准的决策，最终提升企业市场业绩（黄大禹等，2021）。因此，降低信息不对称是企业数字化提升资本市场业绩的可能机制。

最后，企业数字化能够增加研发投入，提升资本市场业绩。从增加研发投入的意愿来看，企业为达到数字化战略的既定目标，必然会伴随着大量的技术和产品创新的研发投入（吴非等，2021）。从增加研发投入的能力来看，企业数字化有利于降低信息不对称、缓解融资约束，从而保证了企业拥有较为充足的研发投入资金（冀云阳等，2023）。此外，企业数字化还促进了企业间的知识溢出（韩峰和姜竹青，2023），从而为研发活动提供了知识资源，促进了企业的研发投入。研发投入是提升企业资本市场业绩的关键渠道。研发投入带来的技术和产品创新，既能够通过差异化战略更好满足市场需求、增强竞争优势，从而为企业带来超额利润，增加销售收入（尹美群等，2018；Guan et al.，2022），也会通过生产和管理流程的优化，节约成本、提升效率，最终提升了企业的资本市场业绩。因此，增加研发投入是企业数字化提升资本市场业绩的可能机制。

## 第四节　企业数字化影响资本市场业绩的实证研究设计

### 一、研究样本与数据

本章所采用的企业数字化、公司基本信息、财务指标等数据来源于希施玛数据库（CSMAR）。由于企业数字化指数的起始年份为 2011 年，因此本章选取中国 A 股上市公司样本的时间范围为 2011—2022 年。关于企业所属行业，本章以中国证监会 2012 年修订的《上市公司行业分类指引》为标准进行识别，此外，由于制造业上市公司众多，因此采用字母加两位数字行业进行划分，其他行业采用字母所属的行业大类进行划分。

考虑数据可得性和完整性，本章对样本进行如下处理：第一，剔除上市时长小于 1 年或存在数据缺失的公司；第二，剔除金融行业上市公司；第三，剔除 ST、*ST、PT 处理及终止上市的企业。最终，本章得到 30670 个企业—年度观测值的样本。另外，本章对所有连续变量进行了 1% 和 99% 分位的缩尾处理。

## 二、变量选取

1. 企业数字化。与第三章相同，本章以 CSMAR 数据库中的企业数字化指数（*dig*）作为基准回归部分的核心解释变量，并参考吴非等（2021）的做法，通过年报词频分析的方法获取企业数字化相关词频，进行稳健性分析。

2. 资本市场业绩。本章的被解释变量为资本市场业绩，分别采用企业的会计业绩和市场业绩作为研究对象。具体而言，会计业绩采用净资产收益率（*roe*）作为代理变量，并采用总资产收益率（*roa*）进行稳健性检验。市场业绩采用托宾

$Q$（$tq$）进行测度，计算方式为"企业市值/（资产总计-无形资产净额-商誉净额）"，此外采用企业市值与资产总计的比值，即托宾 $Q$（$tqtwo$），进行稳健性检验。

3. 控制变量。参考已有的研究成果（郑志刚等，2014；杨德明和刘泳文，2018；Fabisik et al.，2021），本章在基准模型中加入一系列企业层面可能影响其业绩的控制变量，企业特征方面的变量有产权性质（$soe$）、公司成立年限（$age$），企业治理方面的控制变量有两职合一（$dual$）、第一大股东持股比例（$topone$），企业经营情况相关的变量有公司规模（$assets$）、无形资产比例（$itang$）、资产负债率（$leverage$）、现金流（$cashflow$）、营业总收入增长率（$growth$）。具体的变量说明见表 5.1。

### 表 5.1　变量说明

| 变量类型 | 变量符号 | 变量名称 | 变量定义 |
|---|---|---|---|
| 被解释变量 | $roe$ | 净资产收益率 | 公司当年净利润/公司年末净资产 |
| | $tq$ | 托宾 $Q$ | 企业市值/（资产总计-无形资产净额-商誉净额） |
| 核心解释变量 | $dig$ | 企业数字化 | 企业数字化指数的自然对数 |
| 控制变量 | $soe$ | 产权性质 | 虚拟变量，公司为国企取 1，否则取 0 |
| | $age$ | 公司成立年限 | 公司成立年限的自然对数 |
| | $dual$ | 两职合一 | 虚拟变量，公司 CEO 与董事长由同一人担任时取 1，否则取 0 |
| | $topone$ | 第一大股东持股比例 | 公司第一大股东的持股比例 |

续表

| 变量类型 | 变量符号 | 变量名称 | 变量定义 |
|---|---|---|---|
| 控制变量 | *assets* | 公司规模 | 公司年末总资产的自然对数 |
| | *itang* | 无形资产比例 | 公司年末无形资产净额 / 年末总资产 |
| | *leverage* | 资产负债率 | 公司年末总负债 / 年末总资产 |
| | *cashflow* | 现金流 | 公司经营活动产生现金流量净额 / 年末总资产 |
| | *growth* | 营业总收入增长率 | 公司当年营业总收入 / 公司上一年营业总收入 |

## 三、描述性统计

本章所涉及的变量的描述性统计如表 5.2 所示。样本中，企业数字化指数经过对数化处理后均值为 3.554，标准差为 0.230；净资产收益率的均值为 0.057，标准差为 0.139；托宾 $Q$ 的均值为 2.153，标准差为 1.440。此外，从控制变量的结果来看，公司基本特征、业绩因素以及治理因素的描述性统计均处于合理范围。

### 表 5.2  变量描述性统计

| 变量 | 观测值 | 均值 | 标准误 | 最小值 | 最大值 |
|---|---|---|---|---|---|
| *roe* | 30670 | 0.057 | 0.139 | −0.812 | 0.332 |
| *tq* | 29806 | 2.153 | 1.440 | 0.876 | 9.626 |
| *dig* | 30670 | 3.554 | 0.230 | 3.192 | 4.134 |
| *soe* | 30670 | 0.340 | 0.474 | 0.000 | 1.000 |
| *age* | 30670 | 2.973 | 0.311 | 2.079 | 3.555 |
| *dual* | 30670 | 0.290 | 0.454 | 0.000 | 1.000 |

续表

| 变量 | 观测值 | 均值 | 标准误 | 最小值 | 最大值 |
|------|--------|------|--------|--------|--------|
| *topone* | 30670 | 0.346 | 0.149 | 0.0889 | 0.751 |
| *assets* | 30670 | 22.22 | 1.321 | 19.73 | 26.25 |
| *itang* | 30670 | 0.0458 | 0.0536 | 0.000 | 0.352 |
| *leverage* | 30670 | 0.425 | 0.211 | 0.0529 | 0.933 |
| *cashflow* | 30670 | 0.226 | 0.399 | −0.671 | 2.064 |
| *growth* | 30670 | 0.175 | 0.435 | −0.597 | 2.818 |

## 四、计量模型

为考察企业数字化对于资本市场业绩的影响，本章在基准回归部分构建回归模型如模型（5-1）和（5-2）所示。其中，$dig_{it}$ 为 $i$ 企业在 $t$ 年的数字化程度，$roe_{it}$ 为企业 $i$ 在 $t$ 年的净资产收益率，$tq_{it}$ 为企业 $i$ 在 $t$ 年的托宾 $Q$ 值，系数 $\beta_1$ 为本章关注的重点，当 $\beta_1$ 显著为正时，表明企业数字化对于资本市场业绩存在显著的正向影响，反之则为负向影响。此外，$X$ 表示企业层面影响资本市场业绩的一系列控制变量，$\mu_i$ 表示行业固定效应，用以控制行业层面不随时间变化的特征，$\rho_t$ 表示年份固定效应，用以控制时间层面的宏观影响，$\varepsilon_{it}$ 表示残差项。

$$roe_{it}=\beta_0+\beta_1 dig_{it}+\beta_2 X+\mu_i+\rho_t+\varepsilon_{it} \qquad （5-1）$$

$$tq_{it}=\beta_0+\beta_1 dig_{it}+\beta_2 X+\mu_i+\rho_t+\varepsilon_{it} \qquad （5-2）$$

## 🖐 第五节　企业数字化影响资本市场业绩的实证分析

### 一、基准回归

在基准回归部分，本章对于模型（5-1）进行估计，估计结果如表 5.3 第（1）~（3）列所示。第（1）列未加入行业和年份固定效应，核心解释变量企业数字化（*dig*）的估计系数为 0.040，且在 1% 的水平上显著；第（2）列加入控制变量，回归系数在 1% 的水平上显著为正；第（3）列汇报了在同时控制行业与年份固定效应的基础上进一步加入一系列控制变量后的回归结果，企业数字化（*dig*）的回归系数为 0.029，该回归系数在 1% 的水平上依然显著为正，这表明企业数字化对于企业会计业绩净资产收益率（*roe*）产生显著的正向影响。

表 5.3　基准回归：企业数字化对于会计业绩的影响

| | （1）<br>*roe* | （2）<br>*roe* | （3）<br>*roe* |
|---|---|---|---|
| *dig* | 0.040*** | 0.026*** | 0.029*** |
| | （0.003） | （0.003） | （0.004） |
| *soe* | | -0.008*** | -0.010*** |
| | | （0.002） | （0.002） |
| *age* | | -0.012*** | 0.001 |
| | | （0.002） | （0.003） |
| *dual* | | 0.005*** | 0.007*** |

续表

| | （1） | （2） | （3） |
|---|---|---|---|
| | *roe* | *roe* | *roe* |
| | | （0.002） | （0.002） |
| *topone* | | 0.091*** | 0.095*** |
| | | （0.005） | （0.005） |
| *assets* | | 0.021*** | 0.024*** |
| | | （0.001） | （0.001） |
| *itang* | | −0.104*** | −0.078*** |
| | | （0.015） | （0.016） |
| *leverage* | | −0.165*** | −0.182*** |
| | | （0.008） | （0.008） |
| *cashflow* | | 0.048*** | 0.050*** |
| | | （0.002） | （0.002） |
| *growth* | | 0.066*** | 0.065*** |
| | | （0.002） | （0.002） |
| 常数项 | −0.086*** | −0.438*** | −0.556*** |
| | （0.011） | （0.020） | （0.023） |
| 行业固定效应 | 否 | 否 | 是 |
| 年份固定效应 | 否 | 否 | 是 |
| $R^2$ / Adj-$R^2$ | 0.005 | 0.165 | 0.183 |
| 观测值 | 30670 | 30670 | 30670 |

注：括号内是企业层面的稳健标准误；*** 代表 $p<0.01$，** 代表 $p<0.05$，* 代表 $p<0.1$。下同。

进一步对于模型（5-2）进行估计，估计结果如表5.4第（1）~（3）列所示。第（1）列未加入行业和年份固定效应，核心解释变量企业数字化（*dig*）的估计系数为 0.472，且在 1% 的水平上显著；第（2）加入控制变量，回归系数在 1% 的水平上显著为正；第（3）列汇报了在同时控制行业与年份固定效应的基础上进一步加入一系列控制变量后的回归结果，企业数字化（*dig*）的回归系数为 0.610，该回归系数在 1% 的水平上依然显著为正，这表明企业数字化对于企业市场业绩托宾 *Q* 产生显著的正向影响。

表 5.4　基准回归：企业数字化对于市场业绩的影响

| | （1） | （2） | （3） |
|---|---|---|---|
| | *tq* | *tq* | *tq* |
| *dig* | 0.472*** | 0.750*** | 0.610*** |
| | （0.037） | （0.034） | （0.039） |
| *soe* | | −0.035** | −0.060*** |
| | | （0.018） | （0.017） |
| *age* | | 0.289*** | 0.284*** |
| | | （0.025） | （0.027） |
| *dual* | | −0.042** | −0.037** |
| | | （0.019） | （0.017） |
| *topone* | | −0.593*** | −0.488*** |
| | | （0.050） | （0.048） |
| *assets* | | −0.397*** | −0.406*** |
| | | （0.010） | （0.010） |
| *itang* | | 3.876*** | 4.123*** |
| | | （0.184） | （0.190） |
| *leverage* | | 0.061 | 0.296*** |

| | （1） | （2） | （3） |
|---|---|---|---|
| | *tq* | *tq* | *tq* |
| | | （0.061） | （0.061） |
| *cashflow* | | 0.472*** | 0.430*** |
| | | （0.030） | （0.029） |
| *growth* | | 0.295*** | 0.265*** |
| | | （0.023） | （0.023） |
| 常数项 | 0.475*** | 7.333*** | 7.663*** |
| | （0.130） | （0.215） | （0.229） |
| 行业固定效应 | 否 | 否 | 是 |
| 年份固定效应 | 否 | 否 | 是 |
| $R^2$/Adj-$R^2$ | 0.006 | 0.187 | 0.292 |
| 观测值 | 29806 | 29806 | 29806 |

## 二、稳健性检验

为使得本章基准回归的结果更加稳健，本章进行了如下操作。

第一，更换因变量测度方式。表5.5第（1）~（2）列分别汇报了使用总资产收益率（roa）替换净资产收益率（roe）、使用企业市值/资产总计计算所得的托宾Q（tqtwo）替换 tq 的回归结果，二者的回归系数均显著为正，表明基准回归的结论是稳健的。

第二，更换自变量测度方式。参考吴非等（2021）、肖土盛等（2022）、李思飞等（2023）的做法，本章使用上市公司年报中涉及"企业数字化"的词频（*dig_f*）作为企业数字化的代理变量，表5.5第（3）、（4）列汇报了这一结果，企业数字化的回归系数仍显著为正，基准回归的结论具有稳健性。

表5.5　稳健性检验

| | （1）更换因变量测度方式 | （2）更换因变量测度方式 | （3）更换自变量测度方式 | （4）更换自变量测度方式 |
| --- | --- | --- | --- | --- |
| | *roa* | *tqtwo* | *roe* | *tq* |
| *dig* | 0.011*** | 0.473*** | | |
| | （0.002） | （0.035） | | |
| *dig_f* | | | 0.009*** | 0.045*** |
| | | | （0.001） | （0.008） |
| *soe* | −0.005*** | −0.006 | −0.009*** | −0.063*** |
| | （0.001） | （0.016） | （0.002） | （0.017） |
| *age* | −0.001 | 0.245*** | 0.002 | 0.303*** |
| | （0.001） | （0.024） | （0.003） | （0.027） |
| *dual* | 0.002*** | −0.041*** | 0.006*** | −0.040** |
| | （0.001） | （0.016） | （0.002） | （0.018） |
| *topone* | 0.045*** | −0.292*** | 0.093*** | −0.530*** |
| | （0.002） | （0.043） | （0.005） | （0.048） |
| *assets* | 0.009*** | −0.384*** | 0.024*** | −0.384*** |
| | （0.000） | （0.009） | （0.001） | （0.010） |
| *itang* | −0.067*** | 0.503*** | −0.077*** | 4.150*** |

续表

| | （1） | （2） | （3） | （4） |
|---|---|---|---|---|
| | 更换因变量<br>测度方式 | 更换因变量<br>测度方式 | 更换自变量<br>测度方式 | 更换自变量<br>测度方式 |
| | *roa* | *tqtwo* | *roe* | *tq* |
| | （0.006） | （0.152） | （0.016） | （0.190） |
| *leverage* | −0.111*** | 0.301*** | −0.181*** | 0.291*** |
| | （0.003） | （0.054） | （0.008） | （0.061） |
| *cashflow* | 0.041*** | 0.395*** | 0.051*** | 0.424*** |
| | （0.001） | （0.026） | （0.002） | （0.029） |
| *growth* | 0.029*** | 0.188*** | 0.064*** | 0.263*** |
| | （0.001） | （0.020） | （0.002） | （0.023） |
| 常数项 | −0.189*** | 7.733*** | −0.468*** | 9.166*** |
| | （0.009） | （0.204） | （0.022） | （0.212） |
| 行业固定<br>效应 | 是 | 是 | 是 | 是 |
| 年份固定<br>效应 | 是 | 是 | 是 | 是 |
| Adj-$R^2$ | 0.342 | 0.278 | 0.185 | 0.287 |
| 观测值 | 30670 | 29806 | 30670 | 29806 |

## 三、内生性分析

在稳健性检验的基础上，本章采用工具变量对于内生性
问题予以缓解。

首先，对于模型（5-1），本章选取地势起伏度（*rdls*）
作为企业数字化的工具变量。从相关性看，企业数字化与所

在地区的地势起伏度高度负向相关性，从外生性来看，地势起伏度严格外生于企业会计业绩，满足作为工具变量的要求。表 5.6 第（1）、（2）列汇报了相关结果。第（1）列汇报了第一阶段结果，工具变量（*rdls*）与企业数字化（*dig*）显著负相关，这表明工具变量满足相关性假设；第（2）列汇报了第二阶段结果，在使用工具变量进行回归之后，企业数字化的回归系数为 0.425，在 1% 的水平显著，这一结果与上文基准回归结果一致。弱工具变量检验结果显示，Cragg-Donald Wald $F$ 统计量为 30.269、Kleibergen-Paap Wald $F$ 统计量为 32.102，均显著大于 Stock-Yogo 检验 10% 的显著性水平，因此可以认为不存在弱工具变量问题。在考虑了内生性问题后，本章基准回归的结论具有稳健性，即企业数字化对于企业会计业绩（*roe*）存在正向影响。

首先，对于模型（5-2），本章选取所在城市到杭州的距离的对数（*distohz*）作为企业数字化的工具变量。从相关性看，作为互联网经济重镇，距离杭州越近越容易受到数字化思维的影响，因此与企业数字化存在负相关系，从外生性来看，企业到杭州的距离严格外生于企业市场业绩，因此满足作为工具变量的要求。表 5.6 第（3）、（4）列汇报了相关结果。第（3）列汇报了第一阶段结果，工具变量（*distohz*）与企业数字化（*dig*）显著负相关，这表明工具变量满足相关性假设；第（4）列汇报了第二阶段结果，在使用工具变量进行回归之后，企业数字化的回归系数为 1.121，在 5% 的水平显著，这一结果与上文基准回归结果一致。弱工具变量检验结果显示，Cragg-Donald Wald $F$ 统计量为 207.457、Kleibergen-Paap Wald $F$ 统计量为 206.959，均显著大于 Stock-Yogo 检验 10% 的显著性水平，因此可以认为不存在弱工具变量问题。在考虑了内生性问题后，本章基准回归的结论具有稳健性，即企业数字化对于企业市场业绩（$tq$）存在正向影响。

表 5.6　内生性分析

| | （1） | （2） | （3） | （4） |
|---|---|---|---|---|
| | 对模型（5-1）进行内生性分析 | | 对模型（5-2）进行内生性分析 | |
| | 第一阶段回归 | 第二阶段回归 | 第一阶段回归 | 第二阶段回归 |
| | *dig* | *roe* | *dig* | *tq* |
| *dig* | | 0.425*** | | 1.121** |
| | | （0.159） | | （0.500） |
| *rdls* | −0.010*** | | | |
| | （0.002） | | | |
| *distohz* | | | −0.011*** | |
| | | | （0.001） | |
| *soe* | −0.014*** | −0.004 | −0.016*** | −0.088*** |
| | （0.003） | （0.003） | （0.003） | （0.021） |
| *age* | 0.025*** | −0.011** | 0.022*** | 0.285*** |
| | （0.004） | （0.005） | （0.004） | （0.031） |

续表

| | （1） | （2） | （3） | （4） |
|---|---|---|---|---|
| | 对模型（5-1）进行内生性分析 | | 对模型（5-2）进行内生性分析 | |
| | 第一阶段回归 | 第二阶段回归 | 第一阶段回归 | 第二阶段回归 |
| | *dig* | *roe* | *dig* | *tq* |
| *dual* | −0.000 | 0.007*** | 0.001 | −0.037* |
| | （0.003） | （0.002） | （0.003） | （0.019） |
| *topone* | −0.075*** | 0.123*** | −0.062*** | −0.479*** |
| | （0.008） | （0.013） | （0.008） | （0.060） |
| *assets* | 0.045*** | 0.006 | 0.041*** | −0.437*** |
| | （0.001） | （0.007） | （0.001） | （0.023） |
| *itang* | 0.030 | −0.085*** | 0.017 | 3.992*** |
| | （0.021） | （0.019） | （0.021） | （0.203） |
| *leverage* | −0.022*** | −0.171*** | −0.022*** | 0.347*** |
| | （0.007） | （0.010） | （0.007） | （0.067） |
| *cashflow* | −0.019*** | 0.056*** | −0.019*** | 0.457*** |
| | （0.003） | （0.004） | （0.003） | （0.033） |
| *growth* | 0.000 | 0.064*** | −0.002 | 0.256*** |
| | （0.003） | （0.003） | （0.003） | （0.025） |
| 行业固定效应 | 是 | 是 | 是 | 是 |
| 年份固定效应 | 是 | 是 | 是 | 是 |
| 观测值 | 28061 | 28061 | 25679 | 25679 |

## 第六节　企业数字化影响资本市场业绩的进一步分析

### 一、机制分析

本章参考江艇（2022）对因果推断研究中中介效应的反思和建议，以及前沿文献中的普遍做法，选择与被解释变量（资本市场业绩）因果关系清晰的变量作为机制变量，重点开展核心解释变量（企业数字化）与机制变量之间的因果机制论证。

基于前文企业数字化相关的理论分析，结合现有文献中对于企业资本市场业绩影响因素的研究，本章从融资约束、信息不对称和研发投入三个维度展开分析。

1. 缓解融资约束。企业数字化程度越高，公司的融资约束越可能得到缓解。这是因为企业数字化能够提升企业的运营效率、数据分析能力和市场竞争力，使得企业能够更好地展示其增长潜力和风险控制能力。数字化技术还可以提高企业的透明度和信息披露质量，增强投资者和金融机构的信心。此外，通过数字化手段，企业可以更容易地接触到多元化的融资渠道，如线上融资平台和数字银行，从而缓解传统融资途径的限制。因此，企业数字化有助于企业更顺利地获得所需资金。本章以 $fc$ 指数和 $sa$ 指数测度企业面临的融资约束，检验企业数字化对于融资约束的影响。回归结果表明，企业数字化（*dig*）的回归系数显著为负，即随着企业数字化程度的提升，公司的融资约束不断减少。对于公司而言，资金支持可以用于研发、市场推广和优化管理，提升企业的会计业绩。同时，充足的资金流动性增强了企业的市场竞争力和灵活性，促进市场业绩的提升。因此，企业数字化可能通过缓解融资约束对于企业的资本市场业绩表现出正向影响。

2. 降低信息不对称。企业数字化程度越高，公司的信息不对称越能得到缓解。企业数字化通过引入先进的信息技术，如大数据、人工智能和区块链，提高了信息处理和传递的效率和准确性。这些技术可以实时收集、分析和共享企业内部和外部的数据，使管理层、员工、投资者和其他利益相关者能够获得更加透明和详尽的信息。此外，企业数字化还可以促进企业的标准化和规范化管理，提高信息披露的质量和一致性，减少信息的不透明性和误导性。本章以研报关注度（*report*）和公司透明度（*toumin*）作为公司信息不对称的代理变量，检验企业数字化对于企业信息不对称的影响。回归结果表明，企业数字化（*dig*）的回归系数显著为正，即随着企业数字化程度的提升，企业透明度提升、市场关注增加、信息不对称降低。随着公司的信息不对称降低，投资者和利益相关者对其运营状况和财务健康状况的信任度越高，这种信任能够吸引更多的投资，降低融资成本，并增强市场信心；与此同时，透明的信息披露有助于优化内部管理，提高运营效率，从而提升企业的会计业绩和市场业绩。因此，企业数字化可能通过降低信息不对称对于企业的资本市场业绩表现出正向影响。

3. 增加研发投入。企业数字化程度越高，公司的研发投入可能增加。首先，企业数字化提升了企业的运营效率和成本控制能力，通过自动化和数据分析优化了业务流程，从而释放了更多资金用于研发。此外，数字化技术，如大数据和人工智能，能够提供更准确的市场分析和需求预测，帮助企业发现新的市场机会和创新方向，激发对研发的需求和投入。其次，企业数字化促进了企业内部信息的透明化和共享，增强了各部门之间的协作效率，形成更为有效的研发团队。通过数字化平台，研发部门可以更迅速地获取市场反馈和用户数据，调整和优化研发项目，提高研发效率和成果转化率。本章以研发人员比重和研发支出比重作为公司研发投入的代理变量，回归发现，企业数字化的回归系数均在1%的水平显著为正，即随着企业数字化水平的提升，公司的研发资源增加。对于公司而言，更少的研发资源将抑制公司的一系列研发创新等活动，从而使得企业数字化程度降低。研发投入增加可以提升企业的创新能力和产品竞争力，推出更多符合市场需求的新产品和服务，从而推动销售增长和市场份额扩大；同时，研发成果还可以优化企业内部流程和成本结构，提升运营效率，最终改善企业的会计业绩和市场业绩。因此，企业数字化可能通过提高研发投入对于企业的资本市场业绩表现出正向影响。见表5.7。

## 二、异质性分析

为进一步分析企业数字化对于资本市场业绩的异质性影响，本章围绕企业规模和行业竞争异质性两个维度的异质性展开分析。

1.企业规模异质性。为考虑不同企业规模的情况下，企业数字化对于资本市场业绩的异质性影响，本章将样本按照规模大小进行划分，当企业规模高于样本中位数时，对于虚拟变量 *size* 赋值为1，其他赋值为0，将虚拟变量 *size* 及其与企业数字化（*dig*）的交乘项加入模型（1）、（2）进行回归检验，结果分别如表5.8第（1）、（2）列所示，交乘项的回归系数均显著为正，表明在越大规模的企业中，企业数字化提升资本市场业绩的作用越强。

其可能的原因在于，首先，大型企业具备更充足的资源和能力进行全面的企业数字化。相比中小企业，大型企业在财力、人力和技术储备上更具优势，能够投入更多资金和专业人员进行数字化升级，这样的投入可以带来更显著的效率提升和成本降低，从而对资本市场产生更积极的影响。其

表5.7 机制分析：融资约束、信息不对称、研发投入

| | 融资约束 | | 信息不对称 | | 研发投入 | |
| | (1) | (2) | (3) | (4) | (5) | (6) |
| --- | --- | --- | --- | --- | --- | --- |
| | fc | sa | report | toumin | rd_people | rd_pro |
| dig | -0.024*** | -0.020*** | 7.096*** | 1.000*** | 0.077*** | 0.014*** |
| | (0.004) | (0.004) | (0.615) | (0.042) | (0.004) | (0.001) |
| soe | -0.012*** | -0.005*** | -5.858*** | -0.164*** | 0.007*** | -0.001 |
| | (0.002) | (0.002) | (0.298) | (0.019) | (0.002) | (0.001) |
| age | -0.050*** | -0.730*** | -3.788*** | 0.010 | -0.037*** | -0.015*** |
| | (0.003) | (0.003) | (0.437) | (0.031) | (0.003) | (0.001) |
| dual | 0.012*** | 0.014*** | 1.860*** | -0.009 | 0.009*** | 0.004*** |
| | (0.002) | (0.002) | (0.270) | (0.018) | (0.002) | (0.001) |
| topone | 0.032*** | 0.017*** | -4.103*** | -0.087 | -0.117*** | -0.035*** |
| | (0.006) | (0.005) | (0.866) | (0.056) | (0.005) | (0.002) |
| assets | -0.153*** | 0.022*** | 9.504*** | 0.088*** | -0.006*** | -0.001*** |
| | (0.001) | (0.001) | (0.167) | (0.008) | (0.001) | (0.000) |
| itang | -0.165*** | 0.042** | -8.206*** | 0.581*** | -0.019 | 0.030*** |

续表

| | 融资约束 | | 信息不对称 | | 研发投入 | |
| --- | --- | --- | --- | --- | --- | --- |
| | (1) | (2) | (3) | (4) | (5) | (6) |
| | jc | sa | report | toumin | rd_people | rd_pro |
| | (0.018) | (0.016) | (2.212) | (0.148) | (0.015) | (0.006) |
| leverage | -0.421*** (0.008) | 0.011** (0.005) | -14.055*** (0.618) | -0.865*** (0.047) | -0.088*** (0.006) | -0.041*** (0.002) |
| cashflow | -0.034*** (0.003) | 0.011*** (0.002) | 6.211*** (0.343) | 0.045* (0.024) | -0.010*** (0.003) | -0.003*** (0.001) |
| growth | 0.010*** (0.002) | -0.006*** (0.002) | 3.597*** (0.270) | 0.074*** (0.018) | 0.011*** (0.002) | -0.004*** (0.001) |
| 常数项 | 4.210*** (0.026) | -2.071*** (0.027) | -193.284*** (3.957) | -2.999*** (0.212) | 0.101*** (0.028) | 0.050*** (0.006) |
| 行业固定效应 | 是 | 是 | 是 | 是 | 是 | 是 |
| 年份固定效应 | 是 | 是 | 是 | 是 | 是 | 是 |
| Adj-$R^2$ | 0.804 | 0.795 | 0.264 | 0.190 | 0.355 | 0.390 |
| 观测值 | 26742 | 30662 | 29235 | 30670 | 18373 | 24417 |

次，大型企业的业务流程和管理体系较为复杂，企业数字化可以显著提升其运营效率和管理水平。通过数字化手段优化业务流程和数据管理，大型企业能够更好地整合资源，提高决策的科学性和准确性，减少运营中的冗余和浪费，这种优化不仅提升了企业内部的业绩，还增强了外部投资者对其管理能力和未来增长潜力的信心，从而提升其在资本市场的表现。此外，大型企业在资本市场中通常具有更高的关注度和影响力。其企业数字化成功与否，直接影响投资者的信心和市场预期，当大型企业成功实施企业数字化，展现出强劲的增长潜力和竞争优势时，市场对其未来表现的预期也会相应提高，从而推动其股价上涨和市值提升。最后，企业数字化还可以提升大型企业的创新能力，让大型企业能够对于市场变化和客户需求做出更快的响应，进而推出更多创新产品和服务，抢占市场先机，这种创新能力的提升，不仅直接推动了企业的营收增长，也进一步强化了其在资本市场中的表现。

2. 行业竞争异质性。为考虑不同行业竞争下，企业数字化对于资本市场业绩的异质性影响，本章将样本按照规模大小进行划分，当企业所处行业的集中度（*hhi*）高于样本中位数时，对于虚拟变量 *hhi* 赋值为 1，其他赋值为 0，将虚拟变量 *hhi* 及其与企业数字化（*dig*）的交乘项加入模型（1）、（2）进行回归检验，结果分别如表 5.8 第（3）、（4）列所示，交

表 5.8 异质性分析：企业规模和行业竞争

| | (1) | (2) | (3) | (4) |
|---|---|---|---|---|
| | 企业规模异质性 | | 行业竞争异质性 | |
| | roe | tq | roe | tq |
| dig | 0.024*** | 0.504*** | 0.036*** | 0.683*** |
| | (0.005) | (0.058) | (0.005) | (0.054) |
| size | −0.026 | −0.743*** | | |
| | (0.021) | (0.230) | | |
| size×dig | 0.010* | 0.204*** | | |
| | (0.006) | (0.066) | | |
| hhi | | | 0.037 | 0.462* |
| | | | (0.024) | (0.250) |
| hhi×dig | | | −0.013* | −0.152** |
| | | | (0.007) | (0.069) |
| soe | −0.010*** | −0.060*** | −0.010*** | −0.060*** |
| | (0.002) | (0.017) | (0.002) | (0.017) |
| age | −0.000 | 0.282*** | 0.000 | 0.282*** |

续表

| | 企业规模异质性 | | 行业竞争异质性 | |
|---|---|---|---|---|
| | (1) | (2) | (3) | (4) |
| | roe | tq | roe | tq |
| dual | 0.007*** (0.003) | -0.038** (0.027) | 0.007*** (0.003) | -0.035** (0.027) |
| topone | 0.002 (0.002) | 0.018 (0.018) | 0.002 (0.002) | 0.017 (0.017) |
| assets | 0.095*** (0.005) | -0.485*** (0.048) | 0.095*** (0.005) | -0.484*** (0.048) |
| itang | 0.021*** (0.001) | -0.401*** (0.012) | 0.024*** (0.001) | -0.405*** (0.010) |
| leverage | -0.079*** (0.016) | 4.123*** (0.190) | -0.079*** (0.016) | 4.118*** (0.190) |
| cashflow | -0.183*** (0.008) | 0.302*** (0.061) | -0.182*** (0.008) | 0.292*** (0.061) |
| | 0.050*** (0.002) | 0.430*** (0.029) | 0.050*** (0.002) | 0.431*** (0.029) |

续表

| | 企业规模异质性 | | 行业竞争异质性 | |
|---|---|---|---|---|
| | （1） | （2） | （3） | （4） |
| | roe | tq | roe | tq |
| growth | 0.064*** | 0.266*** | 0.065*** | 0.264*** |
| | （0.002） | （0.023） | （0.002） | （0.023） |
| 常数项 | -0.470*** | 7.951*** | -0.569*** | 7.477*** |
| | （0.029） | （0.332） | （0.025） | （0.265） |
| 行业固定效应 | 是 | 是 | 是 | 是 |
| 年份固定效应 | 是 | 是 | 是 | 是 |
| Adj-$R^2$ | 0.184 | 0.292 | 0.184 | 0.292 |
| 观测值 | 30670 | 29806 | 30670 | 29806 |

乘项的回归系数均显著为负，这表明，当企业所处行业的集中度越高、竞争压力越低时，企业数字化对于资本市场业绩的促进作用越弱。

这一结果可能的原因在于，当企业所处行业的竞争压力较低时，企业可能缺乏迫切需求去通过数字化来应对激烈的市场竞争或扩展市场份额。相比之下，处于竞争激烈的行业，企业为了生存和增长必须更积极地利用数字技术来提升效率、创新产品和服务，以获得竞争优势。因此，竞争低的行业中的企业可能面对数字化带来的投入与回报比不成比例的情况，投资回报率可能不如竞争激烈的行业高。此外，行业集中度高也可能意味着市场份额难以扩展，企业通过数字化带来的市场份额增长有限。因此，低竞争压力的行业环境下，企业数字化对资本市场业绩的促进作用可能较弱。

## 第七节　结论与启示

资本市场业绩表现是企业经济活动的映射，也是企业数字化效果评价的重要方面。研究企业数字化与资本市场业绩表现的关系，具有重要的理论和实践意义。基于此，本章将2011—2022年中国 A 股上市公司作为研究对象，实证分析了企业数字化对资本市场业绩的影响，并进一步分析了这一影响的可能机制及异质性。主要的研究结论如下。首先，企业数字化能够显著提升企业会计业绩和市场业绩，一系列稳健性检验和内生性分析均表明该结论稳健。机制分析表明，企业数字化能够缓解融资约束、降低信息不对称、增加研发投入，进而提升企业资本市场业绩表现。异质性分析发现，企业数字化提升资本市场业绩的作用，在规模更大、行业竞争程度更低的企业中更为显著。

本章的结论在理论和实践上有着重要的启示意义。从理论上来看，一是本章补充了有关企业数字化经济效益的理论研究，从会计业绩和市场业绩的双重视角，探究企业数字化对资本市场业绩的提升作用，从而对企业数字化的效果评价的相关文献形成了有益补充。二是本章对企业数字化影响资本市场业绩的作用机制和异质性进行了深入探讨与分析，从而加深了已有研究对于企业数字化影响资本市场业绩的理论认识，进一步厘清了二者的关系，在一定程度上弥补了理论与实践之间的鸿沟。

从实践上来看，本章为企业和政府制定数字化发展战略、如何更好发挥企业数字化效果等重要实践问题提供了一定的决策参考。对于企业而言，应结合自身资源禀赋，制定与自身发展目标相匹配的数字化战略，同时要围绕融资约束、信息不对称、研发投入等方面，疏通企业数字化提升资本市场业绩的作用渠道。对于政府而言，应建立技术、人才等多要素支撑的企业数字化服务生态，针对竞争程度更高的传统行业企业和中小企业，推出企业数字化的专项政策和辅导方案，以解决企业"不会""不能""不敢"的数字化实施难题，更好发挥企业数字化提升资本市场业绩的效果

# 本章参考文献

[1] Browder, R. E., Dwyer, S. M., Koch, H. (2024). Upgrading adaptation: How digital transformation promotes organizational resilience. *Strategic Entrepreneurship Journal*, 18(1), 128−164.

[2] Copestake, A., Estefania-Flores, J., Furceri, D. (2024). Digitalization and resilience. *Research Policy*, 53(3), 104948.

[3] Cui, L., Wang, Y. (2023). Can corporate digital transformation alleviate financial distress? *Finance Research Letters*, 55, 103983.

[4] Fabisik, K., Fahlenbrach, R., Stulz, R. M., et al. (2021). Why are firms with more managerial ownership worth less? *Journal of Financial Economics*, 140(3), 699−725.

[5] Fischer, M., Imgrund, F., Janiesch, C., et al. (2020). Strategy archetypes for digital transformation: Defining meta objectives using business process management. *Information and Management*, 57(5), 103262.

[6] Frynas, J. G., Mol, M. J., Mellahi, K. (2018). Management innovation made in China: Haier's rendanheyi. *California Management Review*, 61(1), 71−93.

[7] Guan, F., Wang, T., Tang, L. (2022). Organizational resilience under COVID-19: The role of digital technology in R&D investment and performance. *Industrial Management & Data Systems*, 123(1), 41−63.

[8] Hinings, B., Gegenhuber, T., Greenwood, R. (2018). Digital

innovation and transformation: An institutional perspective. *Information and Organization*, 28(1), 52−61.

[9] Homburg, C., Wielgos, D. M. (2022). The value relevance of digital marketing capabilities to firm performance. *Journal of the Academy of Marketing Science*, 50, 666−688.

[10] Jardak M, K., Hamad, S. B. (2022). The effect of digital transformation on firm performance: evidence from Swedish listed companies. *Journal of Risk Finance*, 23(4), 329−348.

[11] Loebbecke, C., Picot, A. (2015). Reflections on societal and business model transformation arising from digitization and big data analytics: A research agenda. *Journal of Strategic Information Systems*, 24(3), 149−157.

[12] Matt, C., Hess, T., Benlian, A. (2015). Digital transformation strategies. *Business and Information Systems Engineering*, 57(5), 339−343.

[13] Ucbasaran, D., Shepherd, D. A., Lockett, A., et al. (2013). Life after business failure. *Journal of Management*, 39(1), 163−202.

[14] Verhoef, P. C., Broekhuizen, T., Bart, Y., et al. (2021). Digital transformation: A multidisciplinary reflection and research agenda. *Journal of Business Research*, 122, 889−901.

[15] Wiesböck F., Hess, T., Spanjol, J. (2020). The dual role of IT capabilities in the development of digital products and services. *Information & Management*, 57(8), 103389.

[16] Xin, M., Choudhary, V. (2019). IT investment under competition:

The role of implementation failure. *Management Science*, 65(4): 1909–1925.

[17] 陈剑、黄朔、刘运辉. 从赋能到使能——数字化环境下的企业运营管理 [J]. 管理世界，2020(02): 117–128.

[18] 陈晓红、李杨扬、宋丽洁、汪阳洁. 数字经济理论体系与研究展望 [J]. 管理世界，2022(02): 208–224.

[19] 陈孝勇、惠晓峰. 创业投资的治理作用：——基于高管薪酬契约设计视角的实证研究 [J]. 南开管理评论，2015(02): 126–135.

[20] 高雨辰、万滢霖、张思. 企业数字化、政府补贴与企业对外负债融资——基于中国上市企业的实证研究 [J]. 管理评论，2021(11): 106–120.

[21] 韩峰、姜竹青. 集聚网络视角下企业数字化的生产率提升效应研究 [J]. 管理世界，2023(11): 54–77.

[22] 何帆、刘红霞. 数字经济视角下实体企业数字化变革的业绩提升效应评估 [J]. 改革，2019(04): 137–148.

[23] 何帆、秦愿. 创新驱动下实体企业数字化转型经济后果研究 [J]. 东北财经大学学报，2019(05): 45–52.

[24] 胡海峰，宋肖肖，窦斌. 数字化在危机期间的价值：来自企业韧性的证据 [J]. 财贸经济，2022(7): 134–148.

[25] 黄大禹、谢获宝、孟祥瑜、张秋艳. 数字化转型与企业价值——基于文本分析方法的经验证据 [J]. 经济学家，2021(12): 41–51.

[26] 冀云阳、周鑫、张谦. 数字化转型与企业创新——基于研发投

入和研发效率视角的分析 [J]. 金融研究，2023(04): 111-129.

[27] 焦豪、杨季枫、王培暖、李倩. 数据驱动的企业动态能力作用
机制研究——基于数据全生命周期管理的数字化转型过程分析
[J]. 中国工业经济，2021(11): 174-192.

[28] 靳庆鲁、李荣林、万华林. 经济增长、经济政策与公司业绩关
系的实证研究 [J]. 经济研究，2008(08): 90-101.

[29] 金献坤、徐莉萍、辛宇. 企业数字化与业绩预告可靠性研究 [J].
会计研究，2023(02): 52-64.

[30] 金星晔、左从江、方明月、李涛、聂辉华. 企业数字化转型的
测度难题：基于大语言模型的新方法与新发现 [J]. 经济研究，
2024(03): 34-53.

[31] 李科、徐龙炳. 融资约束、债务能力与公司业绩 [J]. 经济研究，
2011(05): 61-73.

[32] 李林木、于海峰、汪冲、付宇. 赏罚机制、税收遵从与企业绩
效——基于纳税信用管理制度的研究 [J]. 经济研究，2020(06):
89-104.

[33] 李思飞、李鑫、王赛、佟岩. 家族企业代际传承与数字化转型：
激励还是抑制？[J]. 管理世界，2023(06): 171-191.

[34] 李雪松、党琳、赵宸宇. 数字化转型、融入全球创新网络与创
新绩效 [J]. 中国工业经济，2022(10): 43-61.

[35] 刘淑春、闫津臣、张思雪、林汉川. 企业管理数字化变革能提
升投入产出效率吗 [J]. 管理世界，2021(05): 170-190.

[36] 倪克金、刘修岩. 数字化转型与企业成长：理论逻辑与中国实

践 [J]. 经济管理，2021(12): 79−97.

[37] 戚聿东、蔡呈伟. 数字化对制造业企业绩效的多重影响及其机理研究 [J]. 学习与探索，2020(07): 108−119.

[38] 戚聿东、肖旭. 数字经济时代的企业管理变革 [J]. 管理世界，2020(06): 135−152.

[39] 任碧云、郭猛. 基于文本挖掘的数字化水平与运营绩效研究 [J]. 统计与信息论坛，2021(06): 51−61.

[40] 史宇鹏、王阳、张文韬. 我国企业数字化转型：现状、问题与展望 [J]. 经济学家，2021(12): 90−97.

[41] 谭志东、赵洵、潘俊、谭建华. 数字化转型的价值：基于企业现金持有的视角 [J]. 财经研究，2022(03): 64−78.

[42] 陶锋、朱盼、邱楚芝、王欣然. 数字技术创新对企业市场价值的影响研究 [J]. 数量经济技术经济研究，2023(05): 68−91.

[43] 吴非、胡慧芷、林慧妍、任晓怡. 企业数字化转型与资本市场表现——来自股票流动性的经验证据 [J]. 管理世界，2021(07): 130−144.

[44] 肖红军、阳镇、刘美玉. 企业数字化的社会责任促进效应：内外双重路径的检验 [J]. 经济管理，2021(11): 52−69.

[45] 肖土盛、吴雨珊、亓文韬. 数字化的翅膀能否助力企业高质量发展——来自企业创新的经验证据 [J]. 经济管理，2022(05): 41−62.

[46] 徐浩庆、马艳菲、杨晓雯. 数字化转型对企业市场价值的影响研究 [J]. 学习与探索，2024(03): 95−103.

[47] 许林、唐璐、徐玉发.数字化转型、创新活力对企业融资约束的缓释效应 [J].南方金融，2023(11): 3-18.

[48] 杨德明、刘泳文."互联网 +"为什么加出了业绩 [J].中国工业经济，2018(05): 80-98.

[49] 易靖韬、王悦昊.数字化转型对企业出口的影响研究 [J].中国软科学，2021(03): 94-104.

[50] 尹美群、盛磊、李文博.高管激励、创新投入与公司绩效——基于内生性视角的分行业实证研究 [J].南开管理评论，2018(01): 109-117.

[51] 袁淳、肖土盛、耿春晓、盛誉.数字化转型与企业分工：专业化还是纵向一体化 [J].中国工业经济，2021(09): 137-155.

[52] 张国胜、杜鹏飞.数字化转型对我国企业技术创新的影响：增量还是提质? [J].经济管理，2022(06): 82-96.

[53] 张叶青、陆瑶、李乐芸.大数据应用对中国企业市场价值的影响——来自中国上市公司年报文本分析的证据 [J].经济研究，2021(12): 42-59.

[54] 张永珅、李小波、邢铭强.企业数字化转型与审计定价 [J].审计研究，2021(03): 62-71.

[55] 赵宸宇、王文春、李雪松.数字化转型如何影响企业全要素生产率 [J].财贸经济，2021(07): 114-129.

[56] 郑志刚、梁昕雯、吴新春.经理人产生来源与企业未来绩效改善 [J].经济研究，2014(04): 157-171.

# 第六章

# 企业数字化与共同富裕

## 🖐 第一节　企业数字化与共同富裕的重要性

随着新一代数字技术的广泛应用，数字经济蓬勃发展。党的二十大报告指出，要加快发展数字经济，促进数字经济和实体经济深度融合。2022 年发布的《"十四五"数字经济发展规划》中指出，要加快企业数字化转型升级。党的二十届三中全会指出，要健全促进实体经济和数字经济深度融合制度，完善促进数字产业化和产业数字化政策体系。由此可见，数字经济已经成为加快发展新质生产力、推动经济高质量发展的关键力量。

企业作为宏观经济的微观构成，是数字技术与实体经济深度融合的纽带，因而企业数字化是产业数字化的微观基础，正成为数字经济发展的重要作用点和微观支撑点（吴非等，2021；史宇鹏等，2021）。从企业自身发展来看，在数字经济时代的背景下，企业传统经营模式的弊端和局限逐渐显现，亟须通过数字化满足自身降本增效的需求，因此企业数字化也是企业顺应数字经济时代、实现自身更高质量发展的必然选择。无论是从国家的经济发展，还是企业的自身生存进步来看，企业数字化都将成为必然之举。

与此同时，在第一个百年奋斗目标的实现后，共同富裕成为新发展阶段的核心议题。党的二十大报告强调，要着力促进全体人民共同富裕。党的二十届三中全会指出，要完善收入分配制度，构建初次分配、再分配、第三次分配协调配套的制度体系。共同富裕是指每个人的富裕程度均达到最低富裕标准的富裕，是全体人民成果共享的全方面富裕（李实，2021）。共同富裕包括"发展"和"共享"两个维度，意味着在"做大蛋糕"的同时也要"分好蛋糕"，二者有机统一、相互促进、相辅相成。企业作为收入分配的重要主体和核心环节，兼具经济和社会双重目标，在追求价值创造"做大蛋糕"的同时，也需要在初次分配、再分配、第三次分配中承担社会责任，让员工、顾客、股东等企业利益相关者共享发展成果（简冠群，2022；聂辉华等，2022），在"分好蛋糕"的过程中贡献力量。因此，探究如何设计更加合理的路径和政策，充分发挥企业在实现共同富裕目标中的责任与担当，具有重要的理论与现实意义。

数字经济既是共同富裕的时代背景，也为促进共同富裕目标的实现提供了契机。在微观企业层面，企业数字化同样也为企业共同富裕的实现创造了机遇。企业数字化作为一种全方位的组织变革和战略变革，必然会带来生产方式和劳动关系的重塑，对企业共同富裕产生深远影响。从"做大蛋糕"来看，企业数字化帮助企业实现基于数据分析的精细化管理，降低生产经营成本（赵宸宇等，2021），同时还通过缓解信息不对称，降低外部交易成本和管理费用，最终实现企业生产率和收入的提升。从"分好蛋糕"来看，在初次分配中，企业数字化创造的新业态和新模式，增加了企业的劳动力需求，优化了人力资本结构，进而提升了劳动力的整体工资水平，保障了劳动力权益（方明月等，2022）；在再分配和第三次分配中，企业数字化既会改善信息透明度，抑制税收规避行为（管考磊和朱海宁；2022；Chen et al.，2024），也会通过数字技术的使用，助力公益慈善效益的提升（吴磊，2022；Hu et al.，2024）。因此，企业数字化是推动企业共同富裕实现的重要力量。

然而，鲜有文献围绕企业数字化与共同富裕展开讨论，仅有的少量文献要么仅着眼于单一数字技术的影响，要么仅考虑企业数字化对共同富裕某一方面的作用，缺乏对于企业数字化如何影响共同富裕的系统深入研究。基于此，本章以2011—2022年中国A股上市公司作为研究样本，对企业数字化如何实现企业共同富裕进行了实证分析。主要的研究发现有以下三点。首先，企业数字化显著促进了企业共同富裕，一系列稳健性检验和内生性分析，均表明这一结论是稳健的。其次，机制分析表明，企业数字化通过缓解融资约束、提升企业生产率、优化人力资本结构，进而促进了共同富裕水平的提升。最后，异质性分析表明，在成立年限更长、规模更大的企业和非高新技术企业中，企业数字化促进共同富裕的作用是更为明显的。

本章可能的研究贡献主要体现在以下三个方面。

第一，拓展了企业数字化社会影响的理论研究。已有的企业数字化效果相关文献，主要集中于企业数字化对企业内外部产生的经济影响，考察企业数字化对企业经营效率（刘淑春等，2021；赵宸宇等，2021）、市场业绩（吴非等，2021；金星晔等，2024）、技术创新（Ferreira et al.，2019；李雪松等，2022）等视角展开分析，缺乏对于企业数字化社会效益的关注。仅有探讨企业数字化影响收入分配的文献，也仅关注了企业数字化对劳动收入份额和内部薪酬差距的影响（方明月等，2022；肖土盛等，2022），忽视了企业数字化对其他利益相关者、再分配和第三次分配的影响，也忽视了精神富裕等多维度富裕。本章则使用系统全面测度企业共同富裕的"共同富裕评分"指标，探讨企业数字化对共同富裕的影响，从而对企业数字化社会效益的相关研究形成了有益补充。

第二，加深了企业共同富裕影响因素的理论认识。已有的共同富裕相关研究，多基于定性层面探讨共同富裕的内涵、特征、测度方式、现实挑战等（李实，2021；陈宗胜和杨希雷，2023），或从宏观层面出发，考察数字技术和数字经济对共同富裕的影响（夏杰长和刘诚，2023；陈梦根和周元任，2023），少有文献围绕微观企业层面展开讨论。仅有的少量文献，要么只对企业共同富裕进行理论分析（简冠群，2022；聂辉华等，2022），要么只考察了区域数字经济、企业科技向善等影响因素（梁孝成等，2024；阮荣彬等，2024），缺少对企业数字化影响共同富裕的讨论。因此，本章从企业数字化的视角出发，发现企业数字化能够显著促进企业共同富裕，从而加深了对企业共同富裕影响因素的认识与理解。

第三，为企业数字化如何影响企业共同富裕，提供了系统的实证证据。本章基于上市公司的微观数据，对于企业数字化影响共同富裕的作用进行了全面、系统的实证分析，并从缓解融资约束、提升企业生产率、优化人力资本结构三个方面验证了作用机制，分析了在不同成立年限、规模和是否为高新技术企业中的异质性，从而为更好发挥企业数字化的效果、更好指导企业利用数字化承担起促进共同富裕的责任，推动共同富裕目标的实现，提供了经验证据支撑和政策参考。

## ⊛ 第二节　企业数字化对共同富裕的促进作用

共同富裕是社会主义的本质要求，是中国式现代化的重要特征。共同富裕包括"发展"和"共享"两个维度，其中发展是实现共同富裕的前提和基础，共享则是实现共同富裕的核心元素和必然要求。现有文献对于共同富裕的研究，主要集中在对共同富裕的内涵阐释（刘培林等，2021）、指标构建与水平测度（陈宗胜和杨希雷，2023）、实现路径（李实，2021）等进行理论分析。而从共同富裕的影响因素来看，已有研究主要关注农民增收（林嵩等，2023）、分配制度（杨穗和赵小漫，2022；唐高洁等，2023）、公共服务（陈斌开等，2023；亢延锟等，2023）、区域数字经济（万广华等，2024；王义中等，2024）等因素对共同富裕的影响。

企业是价值创造的主要力量和收入分配的核心环节，企业共同富裕是实现共同富裕目标的重要方面。在企业层面，增加就业、提高劳动报酬、优化劳动保障、纳税、参与公益慈善等，均是企业推动共同富裕的重要手段。现有企业共同富裕的文献，主要围绕企业共同富裕的内涵和影响因素展开讨论。从企业共同富裕的内涵来看，现有研究多基于利益相关者的理论视角，认为企业共同富裕是企业在追求股东利润最大化的同时，也要承担起社会利润最大化的责任，实现企业与利益相关者的共生共享（简冠群，2022；聂辉华等，

2022；原理和赵向阳，2023），因而企业共同富裕与企业社会责任具有内在一致性。从企业共同富裕的影响因素来看，大多数研究仅关注初次分配过程和物质富裕，使用劳动收入份额和内部薪酬差距，作为企业共同富裕的衡量指标，认为企业 ESG（聂辉华等，2022；刘洪等，2024）、风险投资（杨晔等，2023）、反垄断（Shen et al.，2024）等因素，会通过扩大企业投资规模、缓解融资约束、发挥市场监督作用等路径，影响企业共同富裕的实现。

关于企业数字化与共同富裕，现有文献亦聚焦于探讨企业数字化与劳动收入份额、内部薪酬差距的内在关系。在企业数字化与劳动收入份额方面，现有研究大多认为，企业数字化有利于提升劳动收入份额，促进共同富裕目标的实现。一方面，企业数字化带有技术进步的属性，因而与技术进步提升劳动收入份额的渠道相同，企业数字化也会通过创造效应和生产率效应（方明月等，2022；肖土盛等，2022；Hjort and Poulsen，2019；Jiang et al.，2024），提升劳动收入份额。另一方面，企业数字化不仅是技术的简单应用，还是价值创造模式的重塑，对企业具有广泛的全方位影响，因而企业数字化还会通过缓解融资约束、提升内部控制（黄逵友等，2023；胥文帅等，2023），增加了劳动力需求和薪酬。在企业数字化与内部薪酬差距方面，企业数字化既会通过改善企业信息环境、优化人力资本、加剧行业竞争，缩小高管与员工的相对权力差距，进而缩小高管与普通员工的薪酬差距（方明月等，2022；Li et al.，2023），同时也会通过租金攫取和风险补偿，扩大内部薪酬差距（罗正英等，2023；王燕梅和贺梅，2023）。综上所述，初步的研究结论表明，企业数字化为促进共同富裕提供了可能。

然而，现有研究仅关注了企业数字化对劳动收入分配的影响，忽视了对再分配、第三次分配的作用，也缺乏对精神富裕的关注。因此，企业数字化影响共同富裕的方向仍有待明确，企业数字化影响共同富裕的作用机制仍有待厘清。因此，本章将从利益相关者的理论视角出发，围绕企业数字化对"做大蛋糕"，以及对初次分配、再分配和第三次分配的"分好蛋糕"过程的影响，系统阐述企业数字化对共同富裕的促进作用。

从"做大蛋糕"来看，企业数字化能够提升企业的经营绩效，有利于促进共同富裕。企业数字化使企业实现基于数据分析的生产销售精细化管理，并优化内部组织管理架构，优化信息环境，增强企业对市场需求的即时响应，在提升营业收入的同时降低生产、运营和管理成本（刘淑春等，2021；赵宸宇等，2021），最终提升了可供分配的价值总额。

从"分好蛋糕"来看，在初次分配方面，企业数字化创造的新业态和新模式，增加了企业对高技能劳动力的需求，能够为员工提供更多的就业机会和更高的薪酬（Deming，

2017；肖土盛等，2022），提升了劳动收入份额。企业数字化带来的信息环境改善和人力资本升级，能够提升普通员工相对于高管的自主权，缩小企业内部薪酬差距（方明月等，2022）。此外，企业数字化还能缓解与利益相关者之间的信息不对称，快速捕捉利益相关方的价值诉求（肖红军等，2021），并通过缓解融资约束和赋能公司治理（陈德球和胡晴，2022），实现利润在客户、供应商、股东等利益相关者中的共创共享。在再分配方面，企业数字化带来的企业收入增长不仅扩大了税基，还增加了企业信息透明度，增强了税务部门的征管效率，抑制了税收规避行为，提升了税收遵从度（管考磊和朱海宁，2022；伍伦，2023）。在第三次分配方面，企业数字化基于数据分析，能够更精准地挖掘公益慈善的社会需求（吴磊，2022；Hu et al.，2024），改善公益慈善项目的数字化管理水平（阮荣彬等，2024），提升企业参与公益慈善的效率和效果。

因此，无论是"做大蛋糕"，还是"分好蛋糕"，企业数字化均能够增强企业实施共同富裕的意愿和能力，从而促进共同富裕目标的实现。

## 🖐 第三节　企业数字化促进共同富裕的具体机制

从具体的作用机制来看，企业数字化从缓解融资约束、提升企业生产率、优化人力资本结构三个渠道，促进共同富裕。

首先，企业数字化能够缓解融资约束，促进企业共同富裕。一方面，企业数字化通过将复杂信息编码化，实现生产管理流程的数字化，从而增加了企业的信息透明度，让外部投资者获取更充分的企业信息，有利于缓解信息不对称。另一方面，企业数字化赋予企业数据分析能力，实现精准营销和精细管理，从而在增加企业效益的同时，降低生产运营成本，使企业更容易获得债权人的青睐，降低融资成本（陈中飞等，2022；He et al.，2023）。因此，企业数字化缓解了"融资难、融资贵"问题，能够增加企业融资规模，降低企业融资成本，从而缓解融资约束。已有研究表明，融资约束是制约企业共同富裕的重要因素。在存在融资约束时，企业更倾向于减少聘用和降低薪酬（罗长远和陈琳，2012；Caggese et al.，2019），也更有可能进行避税（Alm et al.，2019），阻碍共同富裕的实现。企业数字化缓解了融资约束，提供了更多资金支持，因而缓解融资约束是企业数字化促进共同富裕的机制之一。

其次，企业数字化能够提升企业生产率，促进企业共同富裕。企业生产率提升的重要途径是企业成长和资源配置效率的改善，而企业数字化对生产活动和企业创新的影响有助于企业成长（赵宸宇等，2021；韩峰和姜竹青，2023），对运营水平和管理水平的影响有助于改善资源配置效率（李唐等，2020；杨汝岱等，2023）。因此，企业数字化能够从企业成长和资源配置效率两方面作用于生产率，是其提升的重要来源。企业生产率的提升，是促进企业共同富裕的可能途径。企业生产率越高，就越有可能扩大生产规模，增加劳动力需求。更高的生产率也有利于提升企业的营业收入和资本市场业绩，从而使企业有更多资源用于员工福利和承担社会责任，促进员工生活质量改善。因此，提升企业生产率，是企业数字化促进共同富裕的可能机制。

最后，企业数字化能够优化人力资本结构，促进企业共同富裕。一方面，企业数字化提升了对高技能劳动力的需求，企业数字化需要大量的数字基础设施和数字软件的投入，因而需要与之匹配的高技能劳动力，以胜任数字化的工作环境（肖土盛等，2022）。企业数字化创造了数据分析、数据安全等新岗位，也增加了对高技能劳动力的需求（叶永卫等，2022）。另一方面，企业数字化引入的智能生产设备，通过"机器换人"取代了常规性的重复劳动，减少了企业对于低技能劳动力的需求（Acemoglu and Restrepo，2020）。高技能劳动力的"创造效应"和低技能劳动力的"替代效应"，最终带来了人力资本结构的优化，能够对企业共同富裕产生正向影响。高技能劳动者占比的增加，提升了劳动者整体的议价能力和薪酬水平，也倒逼企业更加注重员工保障以争夺数字化人才。因此，优化人力资本结构，是企业数字化促进共同富裕的机制。

## 🔍 第四节 企业数字化促进共同富裕的实证研究设计

### 一、研究样本与数据

本章所采用的企业数字化、企业共同富裕、公司基本信息、财务指标等数据来源于希施玛数据库（CSMAR）。由于企业数字化指数起始于 2011 年，因此本章选取中国 A 股上市公司样本的时间范围为 2011—2022 年。关于企业所属行业，本章以中国证监会 2012 年修订的《上市公司行业分类指引》为标准进行识别，此外，由于制造业上市公司众多，因此采用字母加两位数字行业进行划分，其他行业采用字母所属的行业大类进行划分。

考虑数据可得性和完整性，本章对样本进行如下处理：第一，剔除上市时长小于 1 年或存在数据缺失的公司；第二，剔除金融行业上市公司；第三，剔除 ST、*ST、PT 处理及终止上市的企业。最终，本章得到 32078 个企业—年度观测值的样本。另外，本章对所有连续变量进行了 1% 和 99% 分位的缩尾处理。

### 二、变量选取

1. 企业数字化。本章以 CSMAR 数据库中的企业数字化指数（*dig*）作为基准回归部分的核心解释变量，并参考吴非等（2021）的做法，通过年报词频分析的方法获取企业数字化相关词频，进行稳健性分析。

2.企业共同富裕。本章的被解释变量为企业共同富裕（*cpscore*）。参考梁孝成等（2024）的做法，使用 CSMAR 数据库"企业共同富裕研究数据库"中的"共同富裕评分"指标，衡量企业共同富裕。该指标从初次分配、再分配、三次分配的角度出发，测度了包括就业、薪酬、员工保障、顾客共享、股东共享、公益慈善等多方面指标，综合得到企业共同富裕评分，是对企业共同富裕的全方位、多维度测度。此外，参考阮荣彬等（2024），将"共同富裕评分"替换为数据库中的"共同富裕综合水平"（*cplevel*）以及数据库中的"共同富裕评级"（*cprank*）进行稳健性检验。

3.控制变量。参考已有的研究成果（阮荣彬等，2024；梁孝成等，2024），本章在基准模型中加入一系列企业层面可能影响其共同富裕程度的控制变量，企业特征方面的变量有产权性质（*soe*）、公司成立年限（*age*），企业治理方面的控制变量有两职合一（*dual*），企业经营情况相关的变量有公司规模（*assets*）、无形资产比例（*itang*）、资产负债率（*leverage*）、营业总收入增长率（*growth*）、总资产净利润率（*roa*）。具体的变量说明如表 6.1 所示。

## 三、计量模型

为考察企业数字化对于企业共同富裕的影响，本章在基

## 表 6.1　变量说明

| 变量类型 | 变量符号 | 变量名称 | 变量定义 |
|---|---|---|---|
| 被解释变量 | *cpscore* | 共同富裕评分 | 采用 CSMAR 数据库的企业共同富裕评分 |
| 核心解释变量 | *dig* | 企业数字化 | 企业数字化指数的自然对数 |
| 控制变量 | *soe* | 产权性质 | 虚拟变量，公司为国企取 1，否则取 0 |
| | *age* | 公司成立年限 | 公司成立年限的自然对数 |
| | *dual* | 两职合一 | 虚拟变量，公司 CEO 与董事长由同一人担任时取 1，否则取 0 |
| | *topone* | 第一大股东持股比例 | 公司第一大股东的持股比例 |
| | *assets* | 公司规模 | 公司年末总资产的自然对数 |
| | *itang* | 无形资产比例 | 公司年末无形资产净额／年末总资产 |
| | *leverage* | 资产负债率 | 公司年末总负债／年末总资产 |
| | *growth* | 营业总收入增长率 | 公司当年营业总收入／公司上一年营业总收入 |
| | *roa* | 总资产净利润率 | 公司当年净利润／公司年末总资产余额 |

准回归部分构建回归模型如模型（6-1）所示。其中，$dig_{it}$ 为 $i$ 企业在 $t$ 年的数字程度，$cpscore_{it}$ 为企业 $i$ 在 $t$ 年的共同富裕评分，系数 $\beta_1$ 为本章关注的重点，当 $\beta_1$ 显著为正时，表明企业数字化对于企业共同富裕水平存在显著的正向影响，反之则为负向影响。此外，$X$ 表示企业层面影响共同富裕水平的一系列控制变量，$\mu_i$ 表示行业固定效应，用以控制行业层面不随时间变化的特征，$\rho_t$ 表示年份固定效应，用以控制时间层面的宏观影响，$\varepsilon_{it}$ 表示残差项。

$$cpscore_{it}=\beta_0+\beta_1 dig_{it}+\beta_2 X+\mu_i+\rho_t+\varepsilon_{it} \qquad （6-1）$$

### 四、描述性统计

本章所涉及的变量的描述性统计如表 6.2 所示。样本中，企业共同富裕评分的均值为 53.140，标准差为 4.381；企业数字化指数经过对数化处理后均值为 3.561，标准差为 0.240。此外，从控制变量的结果来看，公司基本特征、业绩因素以及治理因素的描述性统计均处于合理范围。

表 6.2　变量描述性统计

| 变量 | 观测值 | 均值 | 标准误 | 最小值 | 最大值 |
|------|--------|------|--------|--------|--------|
| *cpscore* | 32078 | 53.140 | 4.381 | 43.95 | 64.33 |
| *dig* | 32078 | 3.560 | 0.240 | 3.191 | 4.154 |
| *soe* | 32078 | 0.337 | 0.473 | 0.000 | 1.000 |
| *age* | 32078 | 2.976 | 0.310 | 2.079 | 3.555 |

续表

| 变量 | 观测值 | 均值 | 标准误 | 最小值 | 最大值 |
|------|--------|------|--------|--------|--------|
| *dual* | 32078 | 0.292 | 0.455 | 0.000 | 1.000 |
| *topone* | 32078 | 0.344 | 0.149 | 0.088 | 0.751 |
| *assets* | 32078 | 22.210 | 1.315 | 19.730 | 26.210 |
| *itang* | 32078 | 0.046 | 0.053 | 0.000 | 0.351 |
| *leverage* | 32078 | 0.427 | 0.212 | 0.053 | 0.940 |
| *growth* | 32078 | 0.175 | 0.446 | −0.607 | 2.923 |
| *roa* | 32078 | 0.037 | 0.067 | −0.291 | 0.206 |

## 🖐 第五节　企业数字化促进共同富裕的实证分析

### 一、基准回归

在基准回归部分，本章对于模型（6-1）进行估计，估计结果如表 6.3 第（1）~（4）列所示。第（1）列未加入行业和年份固定效应，核心解释变量企业数字化（*dig*）的估计系数为 2.275，且在 1% 的水平上显著；第（2）加入行业固定效应和年份固定效应，核心解释变量企业数字化（*dig*）的估计系数为 3.306，在 1% 的水平上显著为正；第（3）列仅加入控制变量，回归系数在 1% 的水平显著为正；第（4）列汇报了在同时控制行业与年份固定效应及控制变量的回归结果，企业数字化（*dig*）的回归系数为 1.159，依然 1% 的水

表 6.3　基准回归：企业数字化对共同富裕的影响

| | （1） | （2） | （3） | （4） |
|---|---|---|---|---|
| | cpscore | cpscore | cpscore | cpscore |
| dig | 2.275*** | 3.306*** | 1.851*** | 1.159*** |
| | （0.101） | （0.122） | （0.086） | （0.105） |
| soe | | | 0.124** | 0.113** |
| | | | （0.050） | （0.050） |
| age | | | -0.204*** | 0.025 |
| | | | （0.067） | （0.073） |
| dual | | | 0.537*** | 0.567*** |
| | | | （0.047） | （0.045） |
| topone | | | 2.855*** | 2.962*** |
| | | | （0.142） | （0.138） |
| assets | | | 1.551*** | 1.655*** |
| | | | （0.019） | （0.020） |
| itang | | | -0.699* | -0.237 |
| | | | （0.373） | （0.388） |

续表

|  | （1）cpscore | （2）cpscore | （3）cpscore | （4）cpscore |
|---|---|---|---|---|
| *leverage* |  |  | 0.171 | 0.314** |
|  |  |  | （0.126） | （0.129） |
| *growth* |  |  | 0.584*** | 0.559*** |
|  |  |  | （0.052） | （0.052） |
| *roa* |  |  | 16.131*** | 15.624*** |
|  |  |  | （0.401） | （0.390） |
| 常数项 | 45.036*** | 39.088*** | 10.792*** | 8.389*** |
|  | （0.358） | （0.454） | （0.475） | （0.535） |
| 行业固定效应 | 否 | 是 | 否 | 是 |
| 年份固定效应 | 否 | 是 | 否 | 是 |
| $R^2$ / Adj-$R^2$ | 0.016 | 0.097 | 0.332 | 0.384 |
| 观测值 | 32078 | 32078 | 32078 | 32078 |

注：括号内是企业层面的稳健标准误；*** 代表 $p<0.01$，** 代表 $p<0.05$，* 代表 $p<0.1$。下同。

平上显著为正，由此可得企业数字化对于企业共同富裕能够产生显著的正向影响。

## 二、稳健性检验

为使得基准回归的结果更加稳健，本章进行了如下操作。

第一，更换因变量测度方式。表6.4第（1）、（2）列分别汇报了使用企业共同富裕水平（*cplevel*）和企业共同富裕评级（*cprank*）替换企业共同富裕得分（*cpscore*）的回归结果，企业数字化的回归系数分别为0.023和0.338，且均显著为正，表明基准回归的结论是稳健的。

第二，更换自变量测度方式。参考吴非等（2021）的做法，将上市公司年报中与"企业数字化"相关的词频（*dig_f*），作为企业数字化的代理变量，表6.4第（3）列汇报了这一结果，企业数字化的回归系数依然在1%的水平显著为正，基准回归的结论具有稳健性。

## 三、内生性分析

在稳健性检验的基础上，本章采用工具变量和双重差分法对于内生性问题予以缓解。

首先，本章选取地势起伏度（*rdls*）作为企业数字化的工具变量。从相关性看，企业数字化与所在地区的地势起伏度高度负相关性，从外生性来看，地势起伏度严格外生于企业

表 6.4　稳健性检验

| | （1）更换因变量测度方式 cplevel | （2）更换因变量测度方式 cprank | （3）更换自变量测度方式 cpscore |
|---|---|---|---|
| dig | 0.023* | 0.338*** | |
| | （0.013） | （0.032） | |
| dig_f | | | 0.308*** |
| | | | （0.022） |
| soe | 0.040*** | 0.035** | 0.137*** |
| | （0.006） | （0.015） | （0.050） |
| age | −0.031*** | 0.004 | 0.070 |
| | （0.009） | （0.022） | （0.073） |
| dual | −0.023*** | 0.167*** | 0.545*** |
| | （0.006） | （0.014） | （0.045） |
| topone | −0.056*** | 0.868*** | 2.889*** |
| | （0.017） | （0.041） | （0.138） |
| assets | −0.065*** | 0.479*** | 1.675*** |
| | （0.002） | （0.007） | （0.020） |

续表

| | （1）更换因变量测度方式 | （2）更换因变量测度方式 | （3）更换自变量测度方式 |
|---|---|---|---|
| | *cplevel* | *cprank* | *cpscore* |
| *itang* | 0.157*** | -0.101 | -0.210 |
| | （0.047） | （0.118） | （0.389） |
| *leverage* | -0.078*** | 0.081** | 0.319** |
| | （0.016） | （0.039） | （0.129） |
| *growth* | -0.035*** | 0.155*** | 0.551*** |
| | （0.006） | （0.015） | （0.051） |
| *roa* | -0.275*** | 4.622*** | 15.466*** |
| | （0.043） | （0.126） | （0.387） |
| 常数项 | 10.503*** | | 11.724*** |
| | （0.063） | | （0.484） |
| 行业固定效应 | 是 | 是 | 是 |
| 年份固定效应 | 是 | 是 | 是 |
| Adj-$R^2$/Pseudo-$R^2$ | 0.118 | 0.106 | 0.386 |
| 观测值 | 32078 | 32078 | 32078 |

共同富裕程度，因此满足作为工具变量的要求。表6.5第（1）、（2）列汇报了相关结果。第（1）列汇报了第一阶段结果，工具变量（*rdls*）与企业数字化（*dig*）显著负相关，这表明工具变量满足相关性假设；第（2）列汇报了第二阶段结果，在使用工具变量进行回归之后，企业数字化的回归系数为16.464，在1%的水平显著，这一结果与上文基准回归结果一致。此外，Cragg-Donald Wald *F* 统计量为29.04、Kleibergen-Paap Wald *F* 统计量为31.94，均显著大于Stock-Yogo检验10%的显著性水平，因此可以认为不存在弱工具变量问题。在考虑了内生性问题后，本章基准回归的结论具有稳健性，即企业数字化对于企业共同富裕程度（*cpsocre*）存在正向影响。

其次，本章通过"宽带中国"试点政策构建双重差分模型对于模型（6-1）的内生性进行分析。第（3）列汇报了回归结果，双重差分项（*did*）的回归系数为0.667，且在1%的水平为正，这表明在考虑内生性之后，基准回归结论依然成立。见表6.5。

### 表6.5　内生性分析

| | （1） | （2） | （3） |
|---|---|---|---|
| | 工具变量法 | | 双重差分 |
| | 第一阶段回归 | 第二阶段回归 | |
| | *dig* | *cpscore* | *cpscore* |
| *dig* | | 16.464*** | |
| | | （4.500） | |

续表

| | （1） | （2） | （3） |
|---|---|---|---|
| | 工具变量法 | | 双重差分 |
| | 第一阶段回归 | 第二阶段回归 | |
| | *dig* | *cpscore* | *cpscore* |
| *rdls* | −0.010*** | | |
| | （0.002） | | |
| *did* | | | 0.667*** |
| | | | （0.046） |
| *soe* | −0.010*** | 0.239*** | 0.068 |
| | （0.003） | （0.081） | （0.050） |
| *age* | 0.025*** | −0.394** | 0.064 |
| | （0.004） | （0.156） | （0.073） |
| *dual* | 0.002 | 0.559*** | 0.553*** |
| | （0.003） | （0.063） | （0.045） |
| *topone* | −0.093*** | 4.395*** | 2.809*** |
| | （0.008） | （0.455） | （0.137） |
| *assets* | 0.045*** | 0.946*** | 1.700*** |
| | （0.001） | （0.206） | （0.020） |
| *itang* | 0.025 | −0.706 | 0.006 |
| | （0.021） | （0.502） | （0.388） |
| *leverage* | −0.016** | 0.585*** | 0.346*** |
| | （0.007） | （0.190） | （0.129） |
| *growth* | −0.006** | 0.611*** | 0.542*** |
| | （0.003） | （0.073） | （0.052） |
| *roa* | −0.170*** | 18.149*** | 15.515*** |
| | （0.020） | （0.918） | （0.389） |

续表

| | （1） | （2） | （3） |
|---|---|---|---|
| | 工具变量法 | | 双重差分 |
| | 第一阶段回归 | 第二阶段回归 | |
| | *dig* | *cpscore* | *cpscore* |
| 常数项 | 2.297*** | −26.127** | 11.246*** |
| | （0.025） | （10.311） | （0.481） |
| 行业固定效应 | 是 | 是 | 是 |
| 年份固定效应 | 是 | 是 | 是 |
| 观测值 | 29381 | 29381 | 32078 |

## 第六节　企业数字化促进共同富裕的进一步分析

### 一、机制分析

本章参考江艇（2022）对因果推断研究中中介效应的反思和建议，以及前沿文献中的普遍做法，选择与被解释变量（企业共同富裕）因果关系清晰的变量作为机制变量，重点开展核心解释变量（企业数字化）与机制变量之间的因果机制论证。

基于前文企业数字化相关的理论分析，结合现有文献中对于企业数字化影响因素的研究，本章从融资约束、企业生产率和优化人力资本结构三个维度展开分析。

1.缓解融资约束。企业数字化程度越高，公司的融资约束越可能得到缓解。这是因为企业数字化能够提升企业的运营效率、数据分析能力和市场竞争力，使得企业能够更好地展示其增长潜力和风险控制能力。数字化技术还可以提高企业的透明度和信息披露质量，增强投资者和金融机构的信心。此外，通过数字化手段，企业可以更容易地接触到多元化的融资渠道，如线上融资平台和数字银行，从而缓解传统融资途径的限制。因此，企业数字化有助于企业更顺利地获得所需资金。本章以 $fc$ 指数和 $sa$ 指数作为公司融资约束的代理变量，检验企业数字化对于企业融资效率的影响。回归结果表明，企业数字化（$dig$）的回归系数显著为负，即随着企业数字化程度的提升，公司的融资约束不断降低。对于公司而言，缓解融资约束能够使更多企业获得发展所需的资金，从而增加就业机会，提高员工收入。此外，企业获得充足的资金支持后，可以更好地履行社会责任，参与社会公益事业，促进区域经济协调发展，最终实现共同富裕的目标。

2.提升企业生产率。企业数字化程度越高，企业的生产率也可能越高。具体而言，首先，企业数字化通过引入先进的信息技术和自动化设备，提高了资本使用效率。例如，利用大数据分析和人工智能，企业可以实现精准的生产规划和资源配置，减少资源浪费和生产停滞，从而提高资本的边际产出；其次，企业数字化转型提升了劳动力的生产效率。通过数字化培训和智能化管理系统，员工可以更高效地完成工作任务；最后，企业数字化改进了企业的管理效率，通过引入数字化管理系统，企业能够实现业务流程的标准化和自动化，减少管理层级和沟通成本，提高决策效率和执行力。

因此，本章以全要素生产率（$tfp$）作为企业生产率的代理变量，检验企业数字化对于企业生产率的影响。回归结果表明，企业数字化（$dig$）的回归系数显著为正，即随着企业数字化程度的提升，企业的全要素生产率提升。全要素生产率的提升有助于企业的共同富裕，具体而言，首先，全要素生产率的提高使企业生产成本降低、利润增加，从而有更多资源用于员工福利和薪酬提升，促进员工收入增长和生活质量改善；其次，更高的全要素生产率推动企业持续创新和业务扩展，增加就业机会，为更多人提供经济保障；最后，企业利润增加也为其参与社会公益和社区发展提供了更多资金支持，促进社会和谐发展。

3. 优化人力资本结构。企业数字化程度越高，企业的人力资本结构越可能得到优化。首先，企业数字化要求员工具备新的数字技能和技术能力，促使企业加大培训投入，提升现有员工的技能水平，使其更能适应现代化生产和管理需求；其次，企业数字化通过自动化和智能化技术，减轻了重复性、低技能工作的比重，推动企业重新配置人力资源，集中培养和引进高技能、高素质人才，提高人力资本质量；最后，企业数字化还推动了组织结构的扁平化和灵活化，使企业能够更快速地响应市场变化，员工的工作环境和职业发展空间得到改善，激发创新活力和工作积极性。

本章以研发人员比重和技术人员比重作为企业人力资本结构的代理变量，回归发现，企业数字化的回归系数均在 1% 的水平显著为正，即随着企业数字化水平的提升，企业人力资本结构得到优化。可能的原因在于，随着人力资本结构的优化，企业拥有更多高技能、高素质的员工，他们能够更高效地完成工作任务，提升企业整体生产率和创新能力。此外，高素质的人力资本推动企业技术创新和业务改进，增加企业竞争力和市场份额，从而带来更高的经济效益。不仅如此，企业赢利能力增强后，能够提高员工福利和薪酬，改善员工生活质量，促进共同富裕。见表 6.6。

## 二、异质性分析

为进一步分析企业数字化对于企业共同富裕的异质性影响，本章围绕企业成立年限、企业规模和高新技术企业异质性三个维度展开分析。

1. 企业成立年限异质性。为考虑不同企业成立年限的情况下，企业数字化对于共同富裕的异质性影响，本章将样本按照企业成立年限进行划分，当企业成立年限高于样本中位数时，对于虚拟变量 *old* 赋值为 1，其他赋值为 0，将虚拟变量 *old* 及其与企业数字化（*dig*）的交乘项加入模型（6-1）

表 6.6 机制分析：缓解融资约束、提升企业生产率、优化人力资本结构

| | （1） | （2） | （3） | （4） | （5） |
|---|---|---|---|---|---|
| | 融资约束 | | 企业生产率 | 人力资本结构 | |
| | fc | sa | tfp | rd_people | tech_people |
| dig | -0.018*** | -0.022*** | 0.260*** | 0.082*** | 0.075*** |
| | （0.004） | （0.003） | （0.019） | （0.004） | （0.006） |
| soe | -0.008*** | -0.005*** | 0.027*** | 0.007*** | 0.016*** |
| | （0.002） | （0.002） | （0.009） | （0.002） | （0.003） |
| age | -0.051*** | -0.732*** | 0.005 | -0.037*** | 0.022 |
| | （0.003） | （0.003） | （0.013） | （0.003） | （0.031） |
| dual | 0.012*** | 0.014*** | -0.015* | 0.010*** | 0.051 |
| | （0.002） | （0.001） | （0.007） | （0.002） | （0.046） |
| topone | 0.018*** | 0.025*** | 0.251*** | -0.118*** | -0.018 |
| | （0.006） | （0.005） | （0.024） | （0.005） | （0.017） |
| assets | -0.159*** | 0.022*** | 0.585*** | -0.006*** | -0.007 |
| | （0.001） | （0.001） | （0.004） | （0.001） | （0.006） |
| itang | -0.164*** | 0.039** | -1.032*** | -0.011 | -0.256* |

续表

| | (1) | (2) | (3) | (4) | (5) |
|---|---|---|---|---|---|
| | 融资约束 | | 企业生产率 | 人力资本结构 | |
| | *fc* | *sa* | *tfp* | *rd_people* | *tech_people* |
| | (0.017) | (0.016) | (0.073) | (0.015) | (0.153) |
| *leverage* | -0.355*** | -0.007 | 0.722*** | -0.087*** | -0.041*** |
| | (0.007) | (0.005) | (0.026) | (0.005) | (0.009) |
| *growth* | 0.001 | -0.003* | 0.134*** | 0.012*** | -0.010 |
| | (0.002) | (0.002) | (0.011) | (0.002) | (0.021) |
| *roa* | 0.231*** | -0.058*** | 2.688*** | -0.064*** | -0.078 |
| | (0.019) | (0.014) | (0.082) | (0.015) | (0.055) |
| 常数项 | 4.271*** | -2.057*** | -6.228*** | 0.078*** | -0.044 |
| | (0.026) | (0.027) | (0.096) | (0.027) | (0.040) |
| 行业固定效应 | 是 | 是 | 是 | 是 | 是 |
| 年份固定效应 | 是 | 是 | 是 | 是 | 是 |
| Adj-$R^2$ | 0.803 | 0.796 | 0.740 | 0.357 | 0.001 |
| 观测值 | 27947 | 32070 | 27932 | 19429 | 31351 |

进行回归检验，结果如表 6.7 第（1）列所示，交乘项的回
归系数在 5% 的水平为正，这表明，当企业成立年限更久时，
企业数字化对于企业共同富裕程度的促进作用更显著。

表 6.7 异质性分析：成立年限、规模、高新技术企业

| | （1） | （2） | （3） |
|---|---|---|---|
| | *cpscore* | *cpscore* | *cpscore* |
| *dig* | 0.922*** | 0.760*** | 1.310*** |
| | （0.144） | （0.134） | （0.136） |
| *old* | −1.575*** | | |
| | （0.593） | | |
| *old×dig* | 0.403** | | |
| | （0.166） | | |
| *size* | | −3.147*** | |
| | | （0.597） | |
| *size×dig* | | 0.801*** | |
| | | （0.167） | |
| *hightech* | | | 1.418** |
| | | | （0.607） |
| *hightech×dig* | | | −0.370** |
| | | | （0.170） |
| *soe* | 0.113** | 0.111** | 0.118** |
| | （0.050） | （0.050） | （0.050） |
| *age* | 0.201* | 0.029 | 0.030 |
| | （0.112） | （0.073） | （0.073） |
| *dual* | 0.567*** | 0.553*** | 0.565*** |
| | （0.045） | （0.046） | （0.045） |

续表

| | （1） | （2） | （3） |
|---|---|---|---|
| | *cpscore* | *cpscore* | *cpscore* |
| *topone* | 2.948*** | 2.959*** | 2.963*** |
| | （0.138） | （0.138） | （0.138） |
| *assets* | 1.655*** | 1.736*** | 1.649*** |
| | （0.020） | （0.026） | （0.020） |
| *itang* | −0.225 | −0.229 | −0.243 |
| | （0.388） | （0.387） | （0.388） |
| *leverage* | 0.302** | 0.362*** | 0.326** |
| | （0.129） | （0.130） | （0.129） |
| *growth* | 0.561*** | 0.562*** | 0.560*** |
| | （0.052） | （0.052） | （0.052） |
| *roa* | 15.627*** | 15.654*** | 15.618*** |
| | （0.389） | （0.390） | （0.390） |
| 常数项 | 8.782*** | 8.117*** | 7.994*** |
| | （0.683） | （0.723） | （0.619） |
| 行业固定效应 | 是 | 是 | 是 |
| 年份固定效应 | 是 | 是 | 是 |
| Adj-$R^2$ | 0.184 | 0.292 | 0.184 |
| 观测值 | 30670 | 29806 | 30670 |

其可能的原因在于，首先，成立年限较久的企业在数字化的过程中，能够更有效地整合和利用已有的资源和数据，通过大数据分析、人工智能等技术手段，优化生产流程和市场策略，提高生产率和市场竞争力，这样不仅带来更高的经

济效益，也增加了员工的收入和福利水平，促进企业内部的共同富裕；其次，老牌企业在数字化中往往具备更强的资金实力和技术积累，能够进行更全面和深入的数字化，包括引进先进技术、提升员工技能和优化组织结构，这些举措有助于提升企业整体创新能力和适应市场变化的灵活性，从而实现持续发展和共同富裕；最后，成立年限较久的企业通常拥有较强的社会责任意识和品牌影响力，通过企业数字化，可以更好地履行社会责任，参与社会公益事业，推动区域经济发展和社会和谐，进一步促进社会共同富裕。

2.企业规模异质性。为考虑不同企业规模的情况下，企业数字化对于共同富裕的异质性影响，本章将样本按照规模大小进行划分，当企业规模高于样本中位数时，对于虚拟变量 *size* 赋值为 1，其他赋值为 0，将虚拟变量 *size* 及其与企业数字化（*dig*）的交乘项加入模型（6-1），结果表明，交乘项的回归系数显著为正，因而当企业规模越大时，企业数字化促进共同富裕的作用越强。

其可能的原因在于，一方面，大企业拥有更雄厚的资金实力，可以进行大规模的数字化投资，通过引入先进的技术和设备，优化生产流程和管理模式，大企业能够显著提高生产效率和产品质量，这种提升带来的经济效益，不仅体现在企业利润的增加上，还能转化为员工的更高薪酬和更好福利待遇，直接促进企业内部的共同富裕；另一方面，大企业的数字化还具有辐射效应,可以带动整个产业链和供应链的升级改造,通过数字化手段,大企业可以优化供应链管理,提高整体效率,推动相关中小企业共同发展,形成良好的产业生态。这种产业链的协同效应,有助于区域经济的发展,进一步推动社会的共同富裕。

3.高新技术企业异质性。为考虑高新技术企业中,企业数字化对于共同富裕的异质性影响,本章设置高新技术企业虚拟变量 *hightech*,当企业为高新技术企业时,对于虚拟变量 *hightech* 赋值为 1,否则赋值为 0,将虚拟变量 *hightech* 及其与企业数字化(*dig*)的交乘项加入模型(6-1)进行回归检验,结果分别如表 6.7 第(3)列所示,交乘项的回归系数显著为负,这表明,当企业为高新技术企业时,企业数字化对于共同富裕的促进作用弱。

这一结果可能的原因在于,对于高新技术企业而言,首先,高新技术企业本身已经具备较高的技术水平和创新能力。它们在成立之初就已经大量应用了先进的技术和数字化手段,数字化水平较高,因此,进一步的企业数字化对于这些企业的生产效率提升和创新能力增强的边际效益可能相对较小;其次,高新技术企业通常集中在科技研发和创新领域,其主要价值体现在知识产权和技术创新上,而不是传统的生产效率提升,企业数字化虽然可以优化管理和流程,但对这些企业来说,其核心竞争力更多地依赖于技术突破和创新成果，而非生产过程的数字化改造；最后，高新技术企业的员工通常具备较高的专业技能和学历水平，他们的薪酬和福利待遇已经相对较高，因此，企业数字化带来的经济效益增量对员工收入和生活质量提升的影响较小，相应地，对企业内部共同富裕的促进作用也较弱。

## 🖱 第七节　结论与启示

在加快发展数字经济、扎实推进共同富裕的大背景下，在微观层面探究企业数字化能否成为推动共同富裕的有效途径，具有重要的理论和实践意义。基于此，本章将 2011—2022 年中国 A 股上市公司作为研究对象，实证分析了企业数字化对共同富裕的影响，并进一步分析了这一影响的可能机制及异质性。主要的研究结论如下：企业数字化能够显著促进共同富裕，一系列稳健性检验和内生性分析均表明该结论稳健。机制分析表明，企业数字化能够缓解融资约束、提升企业生产率、优化人力资本结构，进而促进共同富裕。异质性分析发现，企业数字化促进共同富裕的作用，在成立年限更长、规模更大的企业和非高新技术企业中更为显著。

本章的结论在理论和实践上有着重要的启示意义。从理论上来看，一是拓展了企业数字化社会效益的理论研究，从企业共同富裕的视角，分析企业数字化对社会层面的影响，从而对企业数字化效果与影响的文献形成了有益补充。二是对企业数字化影响共同富裕的作用机制和异质性进行了深入探讨与分析，从而加深了已有研究对于企业数字化影响共同富裕的理论认识，进一步厘清了二者的关系。

从实践上来看，本章的结论为企业数字化过程中的实施策略、政府政策的制定和实施等重要实践问题提供了一定的决策参考。对于企业而言，应充分认识到企业数字化进程与共同富裕目标的内在一致性，在追求经济利润的同时，积极通过企业数字化，承担起促进共同富裕的社会责任，同时应注意从融资约束、生产率、人力资本结构等方面，疏通企业数字化促进共同富裕的作用渠道。对于政府而言，为扎实推进共同富裕，应大力支持企业数字化，倡导企业将数字化进程与共同富裕目标相结合，为企业数字化提供一定的政策与资源支持，注重为企业数字化创造良好的生态环境。同时应注意因企施策，重点支持成立年限较短、规模较小的企业，以更好地发挥企业数字化促进共同富裕的能力。

# 本章参考文献

[1] Acemoglu, D., Restrepo, P. (2020). Robots and jobs: Evidence from US labor markets. *Journal of Political Economy*, 128(6), 2188−2244.

[2] Alm, J., Liu, Y., Zhang, K. (2019). Financial constraints and firm tax evasion. *International Tax and Public Finance*, 26, 71−102.

[3] Caggese, A., Cuñat, V., Metzger, D. (2019). Firing the wrong workers: Financing constraints and labor misallocation. *Journal of Financial Economics*, 133(3), 589−607.

[4] Chen, M., Zhao, K., Jin, W. (2024). Corporate digital transformation and tax avoidance: Evidence from China. *Pacific-Basin Finance Journal*, 85, 102400.

[5] Deming, D. J. (2017). The growing importance of social skills in the labor market. *Quarterly Journal of Economics*, 132(4), 1593−1640.

[6] Ferreira., J. J., Fernandes, C, I., Ferreira, F. A. (2019). To be or not to be digital, that is the question: Firm innovation and performance. *Journal of Business Research*, 101, 583−590.

[7] He, J., Du, X., Tu, W. (2023). Can corporate digital transformation alleviate financing constraints? *Applied Economics*, 56(20), 2434−2450.

[8] Hjort, J., Poulsen, J. (2019). The arrival of fast internet and employment in Africa. *American Economic Review*, 109(3), 1032−1079.

[9] Hu, W., Du, R., Lin, Y., et al. (2024). Leading to common prosperity:

Does digital transformation help promote corporate philanthropy? *Emerging Markets Finance and Trade*, 60(11), 2447−2461.

[10] Jiang, Y., Wang, X., Sam, T. H., et al. (2024). Digital transformation, equity pledge and labor income share. *Finance Research Letters*, 64, 105451.

[11] Li, M., Jiang, A., Ma, J. (2023). Digital transformation and income inequality within enterprises-Evidence from listed companies in China. *Pacific-Basin Finance Journal*, 81, 102133.

[12] Shen, Y., Mao, C., Ma, W. (2024). Anti-trust law, financing advantage and common prosperity within firms. *Finance Research Letters*, 63, 105402.

[13] 陈斌开、亢延锟、侯嘉奕. 公共服务均等化、教育公平与共同富裕 [J]. 经济学（季刊），2023(06): 2104−2118.

[14] 陈梦根、周元任. 数字经济、分享发展与共同富裕 [J]. 数量经济技术经济研究，2023(10): 5−26.

[15] 陈宗胜、杨希雷. 论中国共同富裕测度指标和阶段性进展程度 [J]. 经济研究，2023(09): 79−97.

[16] 方明月、林佳妮、聂辉华. 数字化转型是否促进了企业内共同富裕？——来自中国A股上市公司的证据 [J]. 数量经济技术经济研究，2022(11): 50−70.

[17] 管考磊、朱海宁. 企业数字化转型对税收规避的影响——来自中国上市公司的经验证据 [J]. 证券市场导报，2022(08): 30−38.

[18] 韩峰、姜竹青. 集聚网络视角下企业数字化的生产率提升效应

研究 [J]. 管理世界，2023(11): 54-77.

[19] 黄远友、李增福、潘南佩、倪江崴. 企业数字化转型与劳动收入份额 [J]. 经济评论，2023(02): 15-30.

[20] 简冠群. 企业参与实现共同富裕的理论及框架构建 [J]. 广东财经大学学报，2022(05): 31-42.

[21] 江艇. 因果推断经验研究中的中介效应与调节效应 [J]. 中国工业经济，2022(05): 100-120.

[22] 金星晔、左从江、方明月、李涛、聂辉华. 企业数字化转型的测度难题：基于大语言模型的新方法与新发现 [J]. 经济研究，2024(03): 34-53.

[23] 亢延锟、侯嘉奕、陈斌开. 教育基础设施、人力资本与共同富裕 [J]. 世界经济，2023(07): 140-164.

[24] 李实. 共同富裕的目标和实现路径选择 [J]. 经济研究，2021(11): 4-13.

[25] 李唐、李青、陈楚霞. 数据管理能力对企业生产率的影响效应——来自中国企业—劳动力匹配调查的新发现 [J]. 中国工业经济，2020(06): 174-192.

[26] 李雪松、党琳、赵宸宇. 数字化转型、融入全球创新网络与创新绩效 [J]. 中国工业经济，2022(10): 43-61.

[27] 梁孝成、吕康银、陈思. 数字经济发展对企业共同富裕的影响：促进还是抑制？[J]. 现代财经（天津财经大学学报），2024(01): 18-33.

[28] 林嵩、谷承应、斯晓夫、严雨姗. 县域创业活动、农民增收与共同富裕——基于中国县级数据的实证研究 [J]. 经济研究，2023(03):40-58.

[29] 刘洪、仲泰林、彭乔依. 共同富裕的市场驱动力：来自 ESG 评级与制造业企业劳动收入分配的证据 [J]. 财经科学，2024(08): 61-76.

[30] 刘培林、钱滔、黄先海、董雪兵. 共同富裕的内涵、实现路径与测度方法 [J]. 管理世界，2021(08): 117-129.

[31] 刘淑春、闫津臣、张思雪、林汉川. 企业管理数字化变革能提升投入产出效率吗 [J]. 管理世界，2021(05): 170-190.

[32] 聂辉华、林佳妮、崔梦莹. ESG：企业促进共同富裕的可行之道 [J]. 学习与探索，2022(11): 107-116.

[33] 阮荣彬、朱祖平、陈莞. 迈向共益：企业科技向善赋能共同富裕研究 [J]. 经济经纬，2024(02): 100-111.

[34] 史宇鹏、王阳、张文韬. 我国企业数字化转型：现状、问题与展望 [J]. 经济学家，2021(12): 90-97.

[35] 唐高洁、闫东艺、冯帅章. 走向共同富裕：再分配政策对收入分布的影响分析 [J]. 经济研究，2023(03): 23-39.

[36] 万广华、宋健、左丛民、胡晓珊. 中国式现代化视域下数字经济的共同富裕效应：方法与证据 [J]. 经济研究，2024(06): 29-48.

[37] 王义中、林溪、李振华、吴卫星. 数字普惠金融助力共同富裕：基于流动性约束视角 [J]. 经济研究，2024(06): 49-68.

[38] 吴非、胡慧芷、林慧妍、任晓怡. 企业数字化转型与资本市场表现——来自股票流动性的经验证据 [J]. 管理世界，2021(07): 130-144.

[39] 吴磊. 数字化赋能第三次分配：应用逻辑、议题界定与优化机制 [J]. 社会科学，2022(08): 146-155.

[40] 伍伦. 数字化转型对公司税收遵从的影响研究 [J]. 外国经济与管理，2023(08): 17–33.

[41] 夏杰长、刘诚. 数字经济赋能共同富裕：作用路径与政策设计 [J]. 经济与管理研究，2021(09): 3–13.

[42] 肖红军、阳镇、刘美玉. 企业数字化的社会责任促进效应：内外双重路径的检验 [J]. 经济管理，2021(11): 52–69.

[43] 肖土盛、孙瑞琦、袁淳、孙健. 企业数字化转型、人力资本结构调整与劳动收入份额 [J]. 管理世界，2022(12): 220–237.

[44] 胥文帅、袁莹利、杨明高、尹亚华. 走向共同富裕：数字化转型对企业劳动收入份额的影响 [J]. 财经科学，2023(06): 134–148.

[45] 杨汝岱、李艳、孟珊珊. 企业数字化发展、全要素生产率与产业链溢出效应 [J]. 经济研究，2023(11): 44–61.

[46] 杨穗、赵小漫. 走向共同富裕：中国社会保障再分配的实践、成效与启示 [J]. 管理世界，2022(11): 43–56.

[47] 杨晔、武传浩、谈毅. 风险投资与企业内共同富裕——基于劳动收入份额的视角 [J]. 经济管理，2023(08): 167–183.

[48] 叶永卫、李鑫、刘贯春. 数字化转型与企业人力资本升级 [J]. 金融研究，2022(12): 74–92.

[49] 原理、赵向阳. 面向中国式现代化：以共同富裕为导向的企业责任 [J]. 财经问题研究，2023(07): 104–115.

[50] 赵宸宇、王文春、李雪松. 数字化转型如何影响企业全要素生产率 [J]. 财贸经济，2021(07): 114–129.

## 第七章

# 研究结论与政策建议

## 🔘 第一节　研究结论

　　本书对企业数字化的动因与效果进行了系统的分析。从企业数字化的外部驱动因素出发，第三章研究了市场竞争对企业数字化的影响；从企业数字化的内部驱动因素出发，第四章研究了股权集中度对企业数字化的影响；从企业数字化对效率的影响出发，第五章研究了企业数字化对资本市场业绩的影响；从企业数字化对公平的影响出发，第六章研究了企业数字化对共同富裕的影响。在进行理论研究的同时，本书也基于2011—2022年中国 A 股上市公司的数据，对上述四个研究问题进行了实证分析。以下为四个主要研究结论。

　　首先，对于市场竞争对企业数字化的影响，本书有下列发现。第一，市场竞争对企业数字化具有显著的正向影响，换言之，企业所处行业的市场竞争程度越激烈，企业数字化水平越高，市场竞争促进了企业数字化。第二，调节效应分析表明，这一正向影响受到企业内外部基础条件的制约，随着企业行业地位的提升，市场竞争促进企业数字化的作用逐渐减弱；而随着企业组织资本的增加，市场竞争促进企业数字化的作用逐渐加强。第三，机制分析表明，资本效率、人才聚集、市场关注，是市场竞争促进企业数字化的重要机制。第四，异质性分析表明，对于董事长与总经理两职分离、资本密集度较低、处于国家级大数据综合试验区、处于宽带中国试点城市的企业而言，市场竞争对企业数字化的促进作用更加明显。

其次，对于股权集中度对企业数字化的影响，本书有下列发现。第一，股权集中度对企业数字化具有显著的负向影响，换言之，企业的股权集中度越高，企业数字化水平越低，股权集中度抑制了企业数字化。第二，机制分析表明，股权集中度的增加，通过加剧融资约束和减少研发投入，抑制了企业数字化。第三，异质性分析发现，对于处于地方政府数据未开放地区中的企业、市场关注度较高的企业、劳动密集度较高的企业而言，股权集中度抑制企业数字化的幅度是更为明显的。

再次，对于企业数字化对资本市场业绩的影响，本书有下列发现。第一，企业数字化对企业的会计业绩和市场业绩有着显著的正向影响，换言之，企业数字化水平越高，企业的会计业绩和市场业绩就越高，企业数字化提升了企业的资本市场业绩。第二，机制分析表明，缓解融资约束、降低信息不对称、增加研发投入是企业数字化提升资本市场业绩的重要机制。第三，异质性分析表明，对于规模较大、行业竞争压力较小的企业而言，企业数字化促使资本市场业绩提升的幅度更为明显。

最后，对于企业数字化对共同富裕的影响，本书有下列发现。第一，企业数字化对共同富裕有显著的正向影响，换言之，企业数字化水平越高，企业的共同富裕程度就越高，企业数字化促进了企业共同富裕。第二，机制分析表明，企业数字化通过缓解融资约束、提升企业生产率、优化人力资本结构，促进了共同富裕水平的提升。第三，异质性分析表明，在成立年限更长、规模更大的企业和非高新技术企业中，企业数字化促进共同富裕的作用是更为明显的。

本书在理论方面有着重要的启示意义。首先，本书补充了企业数字化动因的理论研究。本书从企业外部竞争的角度出发，分析市场竞争对企业数字化的影响，从企业内部驱动因素的角度出发，分析公司治理中股权集中度对企业数字化的影响，对企业数字化的驱动因素进行了新的理论解释，从而对企业数字化驱动因素的相关文献形成了有益补充。其次，与已有研究对于企业数字化效果的理论解释不同，本书基于效率与公平的视角，进一步厘清了企业数字化影响资本市场业绩的作用机制，也探讨了企业数字化对共同富裕的影响，从而加深了对于企业数字化效果评价的理论认识。最后，本书对于企业数字化的动因与效果，不仅详细剖析了作用方向，还对其作用的影响机制和异质性进行了全面、系统的理论阐释与实证分析，从而为企业数字化的动因与效果这一重要议题提供了新的实证证据。

## 第二节　针对企业的七条建议

### 一、发挥数字化的赋能效应

从企业数字化的效果来看，企业数字化既能提升效率，改善企业经营业绩，又能促进公平，有利于共同富裕目标实现，因此应坚定不移地推动企业数字化，切实提升企业数字化水平，充分发挥数字化的赋能效应。企业需要深刻认识到企业数字化的重要性和必要性，将推行数字化战略列入企业发展的必选项。企业应主动将各类人工智能、大数据、云计算等新一代数字技术与自身的生产管理相结合，实现数字赋能，最大限度地发挥企业数字化的降本增效作用。此外，企业还需要依托数字经济蓬勃发展的时代背景，把握数字经济发展机遇，用好市场资源和公共服务。企业应主动利用政府出台的各项企业数字化促进政策，不断加强与市场中数字化服务提供商、政府的数字化合作，形成多方协同的数字化合力，切实提升企业的数字化水平。

## 二、选择合身的数字化战略

企业数字化的动因与效果，会因企业规模、行业、所处地区等特征的差异，产生不同程度的作用效果，因而企业需要依照自身的实际情况，量身定制适合自己的数字化战略。企业在制定合身的数字化战略时，应充分考虑到自身的基础条件和发展需求。一方面，企业需要深入了解推行企业数字化的基础条件，既要从企业外部出发，掌握企业所在地区、所处行业的数字化促进政策，调研企业可利用的公共服务资源，以及企业在市场中可获得的数字产品和服务的供应情况，也要从企业内部入手，评估企业可用于数字化战略的基础设施、资金、人才等内部资源，在此基础上，制定具有高度可行性的企业数字化战略。另一方面，企业需要明确自身的数字化需求，通过横向和纵向分析，发现企业自身的发展痛点，明确企业数字化的优先级，基于此有针对性地制定数字化战略，并结合企业发展实际定期进行战略调整，动态提升企业数字化与自身发展需求的适应性。

## 三、加强数字化的顶层设计

企业数字化包括战略认知、战略定位、战略实施三个阶段，具有显著的"自上而下"特征，而非一个"自下而上"的自发过程。因此，加强数字化顶层设计，成为决定企业数字化成效的关键因素，也是推进企业数字化的首要任务。其中，最重要的是转变观念，特别是企业的控股股东和管理层，应深化对企业数字化的理解，克服"不愿""不能""不会"企业数字化的心理，坚定企业数字化的信念，积极做出企业数字化的决策。同时，企业的控股股东和管理层也要树立对企业数字化的科学认识，加强对数字知识、技能、素养的储备，掌握跨越数字化阵痛期的有效方法，以企业长远利益为主，不畏惧企业数字化所面临的困难，确保企业数字化战略的顺利推行。

## 四、确保数字化的系统开展

企业数字化是一个漫长的系统性工程和动态演变过程，因此企业数字化必须系统开展、统筹规划、有序推进。开展企业数字化需要秉持系统的全局观念，从横向角度来看，企业数字化需要覆盖研发、生产、销售、管理全流程，最终实现跨企业、跨部门、跨职能、跨业务单元的协作与信息共享，形成企业内部合力，因此需要以企业整体的数字化为目标，系统开展、合理规划，构建适配的组织架构，避免交叉重复和信息孤岛。从纵向角度来看，企业数字化并非推倒重来，而是要最大限度地保留企业的原有资源，统筹协调数字技术与企业原有资源之间的关系，将数字技术有机融入企业原有的资源与业务流程，从而降低企业数字化成本，有效确保企业数字化具有投入产出效率。最后，企业数字化需要从易到难、由点及面、有序推进。企业数字化需要一条清晰的推进路线，从轻量快速的数字化产品和服务出发，逐步引入大型数字化技术和设施，从单一业务环节，逐步扩展至整个企业，循序渐进地推进企业数字化。

### 五、促进数据要素深度应用

企业数字化是一个价值创造路径重塑的过程，其中数据要素作为企业新的生产要素，是价值创造重塑的重要来源，也是企业数字化的基础构件。因此，必须要充分发挥数据要素的潜在价值，拓宽数据要素应用场景的广度，加大数据要素应用深度，从而最大限度地发挥企业数字化降本增效的价值重塑作用，更好地实现数字经济和实体经济深度融合。在数据要素的获取与流通方面，企业应充分认识到企业内部具有海量数据要素，利用物联网、大数据、云计算等数字技术，增强企业内部的数据采集、传输和管理能力，同时借助工业互联网平台，推动供应链上的企业数据共享，积极获取行业大数据和政府公共数据等外部数据，多方面着力提升数据要素的获取水平。在数据要素的分析与应用方面，企业应基于先进的数字技术与数据分析工具，通过人工智能、数据挖掘、智能化可视化分析等手段，实现对数据驱动的业务决策，同时探索数据应用场景，充分发挥数据要素的乘数效应。

## 六、疏通数字化的传导路径

无论是内外部因素对企业数字化的驱动，还是企业数字化对效率与公平的提升作用，不仅具有直接的影响关系，还存在间接的作用渠道和传导路径。因此，只有厘清企业提升数字化水平的卡点堵点，疏通企业数字化发挥作用的传导路径，才能最大限度地提升企业数字化水平，优化企业数字化的效果。鉴于此，企业需要不断优化资本、劳动力、技术、数据等生产要素在企业中的配置，提升企业的要素配置效率，在改善资本配置、优化人力资本结构、加强技术创新、深化数据要素应用等方面持续发力，不断优化企业各方面的表现，化解各个传导路径中的痛点，保障企业数字化的各类作用渠道畅通，以期最大限度地提升企业数字化水平、发挥企业数字化的积极作用。

## 七、提升数字技术创新动力

企业数字化的本质是企业在生产、管理等各个流程中，应用数字技术及其组合，并依靠数字技术实现降本增效和价值增值的过程。由此可见，数字技术创新是企业数字化顺利推进的技术基础，也是企业数字化竞争力的关键来源，更是数字经济发展的根本动力。然而，目前企业对数字化的理解，仍停留在数字技术应用阶段，企业多热衷于投资"短平快"的数字化产品和服务，缺乏对数字技术创新的应有重视。尽管通过短期的数字技术应用投资，可以最小成本和最快速度地开展企业数字化，但长期来看，缺乏长期的数字技术创新投资，将导致企业数字化难以深入，企业数字化的效果难以持续，无法在数字化浪潮中建立竞争优势，成为引领发展的企业数字化重塑者。因此，企业应树立长远眼光，充分认识到数字技术创新的重要作用，增加数字技术研发投入，提升数字技术创新动力。同时，也要积极探索数字技术创新与业务场景的深度融合，实现数字技术创新与数字技术应用的同步发展。

## 🖑 第三节　针对政府的七条建议

### 一、完善数字化的政策体系

企业数字化对企业具有生产效率提升、商业模式创新、管理制度变革、价值创造路径重塑等积极影响，能够显著提高效率、促进公平，因此政府应大力发挥引导作用，鼓励企业开展数字化，为企业数字化提供政策支持。尽管目前已经出台了部分促进企业数字化的政策，取得了一定成效，但伴随企业数字化逐步进入规模普及与精准施策的新发展阶段，政府需要制定更加全面、细致、有针对性的支持政策，加强相关政策的衔接和体系性，出台相应的配套政策，统筹多方数字化资源与服务，优化数字化的发展环境，从而增加企业数字化政策的有效性和精准性，为企业数字化提供完善的政策体系。

## 二、实施差异化的扶持措施

企业数字化的效果具有异质性，因此需要政府因地制宜、因企施策，实施差异化、精细化的扶持措施。政府应遵循企业数字化的科学规律，考虑处于不同地区、不同行业、不同性质、不同规模、不同产业链供应链地位的企业特征和实际情况，挖掘不同特征企业的数字化需求，基于此制定不同的企业数字化扶持措施。特别是，要重点关注中西部地区企业、制造业企业、民营企业、中小企业的数字化需求，厘清上述企业数字化的痛点、难点，进一步加大对上述企业的扶持力度，加强分类指导，做好企业数字化效果追踪，助力上述企业数字化的顺利开展。此外，政府也要针对规模以上工业企业、专精特新企业、龙头链主企业等数字化重点企业，出台培育政策，发挥上述企业的引领示范作用，以期实现企业数字化的全面推广。

## 三、营造公平竞争市场环境

为从外部环境出发，充分驱动企业数字化，政府应激发市场竞争活力，营造公平竞争市场环境。政府需要重视充分的市场竞争对企业数字化的驱动作用，坚持市场竞争理念，不断强化竞争政策的基础地位，维护公平有序的市场竞争环境，充分发挥市场在资源配置中的决定性作用，提升市场竞争的公平性和充分性。一方面，不断健全促进公平竞争的政策体系，破除区域、行业间的市场准入壁垒和行政性垄断，实现对各类企业一视同仁，提升市场竞争的公平性。另一方面，通过加强反垄断、反不正当竞争，实现商品、服务、生产要素在市场上的自由流动，提升市场竞争的充分性。此外，政府还应有针对性地制定市场竞争政策，充分考虑到市场竞争促进企业数字化的作用异质性，基于不同地区和行业的企业特性，因地制宜、因企施策，以提升市场竞争政策的精准性，更好发挥市场竞争对企业数字化的驱动作用。

## 四、激发数字技术创新活力

数字技术创新活动具有高风险和高投入的特性，离不开政府对数字技术创新的支持。因此，政府应加大对数字技术创新的政策扶持力度，努力营造良好的数字化创新环境，激发数字技术创新活力。政府应积极利用税收优惠、财政补贴等手段引导企业进行数字技术创新，为激发企业的数字技术创新活力提供政策保障，从而提振企业创新动能，直接推动企业加大数字技术研发投入。此外，政府还需要引导企业构建数字化创新网络，鼓励企业通过工业互联网平台、产业集群等共性技术平台开展数字技术创新，同时，政府自身也需要积极搭建数字创新平台，深化企业、高校、科研机构、数字化服务供应商、政府等多方主体协同创新，共同打造互联互通的创新生态，为企业数字化提供不竭的创新动力。

### 五、夯实数字基础设施建设

企业数字化的开展离不开互联网、5G 基站、光纤宽带、数据中心、工业互联网平台等数字基础设施，因此，夯实数字基础设施建设，是政府引领企业数字化的重要抓手。政府应着力为企业数字化做好数字基础设施配套，继续增加数字基础设施投入，加速推进数字基础设施建设，建立健全数据基础制度，从网络基础设施、算力基础设施、应用基础设施等方面持续发力，削弱企业数字化的门槛，降低企业数字化的成本。同时，政府需要完善数字经济的战略规划和政策体系，对接入数字基础设施的企业提供政策扶持，助推企业积极上云、上平台，充分发挥已有的数字基础设施对企业数字化的赋能作用，为企业数字化提供良好的配套服务和外部保障。

### 六、推动地方政府数据开放

公共数据是重要且高质量的数据要素，地方政府数据开放能够为企业数字化提供数据要素来源，也能够减缓不利的企业内外部因素对企业数字化的抑制作用。因此，政府应坚定推动公共数据开放，以期更有效地提升企业数字化水平，更好地发挥企业数字化的积极影响。政府部门需要深刻认识到公共数据的重要价值，充分释放数据要素红利，通过建立公共数据资源体系，健全公共数据开放平台，逐步扩大公共数据开放范围，增加公共数据开放数量，提升公共数据开放质量，以此推动企业数字化，激励企业充分运用公共数据，挖掘公共数据的潜在价值。与此同时，政府需要加强公共数据治理体系，在数据确权、数据估值、数据隐私保护等方面建立健全相关制度，探索防范公共数据滥用的监管机制，确保数据真正服务于企业的数字化决策，更好地助力企业数字化水平的提升。

## 七、重视数字经济人才培养

企业数字化的纵深推进，对于数字经济人才提出了新的、更高的要求。企业数字化的推进，既需要培养掌握数字基础知识并具有创新性思维的研究型人才，以促进数字技术创新的研发，为企业数字化提供技术基础，也需要配备掌握先进知识、熟练使用数字技术的高技能人才，从而推动数字技术在业务场景落地。因此，数字经济人才是促进企业数字化的重要动力，政府需要高度重视数字经济人才培养，为企业数字化提供人才保障。一方面，政府应着力培养数字经济创新人才，通过积极探索拔尖创新人才培养、加大数字经济相关学科建设力度，培养更多高质量的数字经济创新人才。另一方面，政府需要重视数字技能人才的培养，通过鼓励企业与职业教育院校等加强合作，共建数字技能人才培养基地，鼓励开展数字技能继续教育，提升数字技能人才的供给数量与质量。此外，政府还应出台相关的数字经济人才政策，努力营造有利于吸引数字经济人才的环境，以满足企业数字化的人才需求。

## 🖱 第四节　对研究企业数字化的展望

对于企业数字化的动因和效果，在未来的研究中，可以在以下两个方面继续深化。

第一，使用更加前沿的企业数字化测度方式。本书所使用的基于文本分析法的企业数字化指数，兼顾了"过程观"和"变化观"，较为全面地反映了企业数字化的内涵与效果，已经是测度企业数字化的最新方法。但伴随研究方法的不断进步，新的前沿方法不断涌现，对企业数字化的测度也需要与时俱进。期待在未来的研究中，能够加入包含数字技术创新的数据来源、机器学习、大语言模型等更前沿的方法，以期更加精细地对"企业数字化"进行测度。

第二，继续扩大研究样本的范围。现有关于企业数字化的定量研究，大多数都是以上市公司为样本，但上市公司本就在企业数字化方面处于领先地位，广大中小企业在推动企业数字化过程中面临着更多的资源约束，更需要深入研究。尽管有少数研究基于某一区域的企业进行问卷抽样调查，但往往样本量有限，代表性也不足，难以对中小企业和传统行业的企业数字化做出具有针对性的指导。期待在未来的研究中，能够使用更加广泛全面的研究样本，做进一步分析。

在科技进步，日新月异的时代背景下，数字经济的发展将飞速向前，对企业数字化的动因与效果的研究也必然会持续开展。特别是伴随着中国的数字经济发展进入稳定增长阶段，产业数字化从高速增长阶段进入高质量发展的攻坚阶段，企业数字化也随之向纵深推进，迈向规模普及与精准施策并行的高质量发展时期。新阶段的企业数字化，其涌现出的新现象和产生的新问题，以及企业数字化的未来发展方向，仍是今后需要关注和研究的重点，企业数字化的动因与效果的长期作用也仍待进一步探究。